Warum ich für Gott backe und was mein Hund mit Hoffnung zu tun hat

Meine Suche nach Gott

Lisa Kaufmann

edition ✠ chrismon

Bibliografische Information der Deutschen Nationalbibliothek
Die Deutsche Nationalbibliothek verzeichnet diese Publikation
in der Deutschen Nationalbibliografie; detaillierte bibliografische
Daten sind im Internet unter http://dnb.d-nb.de abrufbar.

© 2016 by edition chrismon in der Evangelischen Verlagsanstalt
GmbH · Leipzig
Printed in Germany

Das Buch wurde auf alterungsbeständigem Papier gedruckt.

Lektorat Annegret Grimm, Weimar
Gestaltung und Satz Anja Haß, Frankfurt am Main
Fotos Christoph Kniel und Niko Synnatzschke, Essen
Druck und Binden BELTZ Bad Langensalza GmbH

ISBN 978-3-96038-008-5

www.eva-leipzig.de

Warum ich für Gott backe und was mein Hund mit Hoffnung zu tun hat

Meine Suche nach Gott

Lisa Kaufmann

edition ᛭ chrismon

Für Sarah

In Wahnsinn und in Klarheit,
betrunken und nüchtern, mit Gott und ohne,
unbreakable.

Inhalt

Im Sommer 2015 begann ich, eine Kolumne über meine Suche nach Gott zu schreiben. Es war ein sonniger Nachmittag und ich lag auf der Dachterrasse meiner Nachbarn. Damals hätte ich mir nicht träumen lassen, dass ich heute, im Dezember desselben Jahres, sogar an einem Buch über diese Suche arbeiten würde. Im Sommer, mit einem Eistee, mit Freizeit und dem Geruch von Sonnencreme in der Nase, schienen sich spirituelle Erkenntnisse und wertvolle Gedanken zum Thema Gott geradezu aufzudrängen. Was als besonntes Brainstorming begann, fühlt sich nun, an einem regnerischen Novembernachmittag in meinem Bett, ein wenig wie Zwangspilgern an. Ich weiß nicht, wie es Ihnen geht, aber ich habe selten spirituelle Erkenntnisse, wenn ich alle 40 Sekunden auf die Uhr schaue, um mit jeder verstreichenden Minute panischer zu werden. »Reiß dich zusammen, sei spirituell!«, raunt meine innere Stimme mir zu. »Dein Hund hatte in den letzten zwei Stunden tiefsinnigere Gedanken als du. Ich habe Kleinkinder getroffen, die spiritueller waren als du, du Versagerin!«

Wie Sie sehen, ist meine spirituelle Suche ein wenig aus den Fugen geraten. Man kann nicht über den Jakobsweg sprinten oder aus Zeitmangel einfach doppelt so schnell beten wie sonst und auf Erleuchtung hoffen. Wie alles, was im Leben Wert hat (lesen, backen, lieben, Nägel lackieren, Gott finden), muss auch Spiritualität nach eigenem Tempo geschehen. So beginne ich dieses Buch, indem ich atme. Ich schiebe den Stapel spiritueller Bücher von all den weiseren, klügeren, älteren, wortgewandteren Menschen, die sich vor mir an diesem Genre versucht haben, vom Bett und erinnere mich, dass das Beste, was ich tun kann, das beste mir Mögliche ist. Ich bin 25 Jahre alt, das hier ist mein Erstlingswerk. Ich bin so tiefsinnig, wie ich bin, und mehr als ehrlich zu sein, kann ich Ihnen und mir selbst nicht bieten. *Bittet, so wird euch gegeben; suchet, so werdet ihr finden; klopfet an, so wird euch aufgetan*, heißt es bei Matthäus 7,7. Es heißt nicht: Schreiet panisch, suchet mit der Intensität eines Drogenspürhundes, tretet die Türe ein.

Ich zwinge mich, mir laut den Predigertext *Alles hat seine Zeit* vorzulesen (Prediger 3,1–17). Drei Mal, bis ich wieder atmen kann. Falls Sie wegen spiritueller oder weltlicher Angelegenheiten ähnlich unter Druck stehen, kann ich Ihnen nur wärmstens empfehlen, sich diesen Text so lange vorzusagen, bis auch Sie wieder atmen können. Also noch einmal:

Ein jegliches hat seine Zeit,

und alles Vorhaben unter dem Himmel
hat seine Stunde:
geboren werden hat seine Zeit, sterben hat
seine Zeit; pflanzen hat seine Zeit,
ausreißen, was gepflanzt ist, hat seine Zeit;
töten hat seine Zeit, heilen hat seine Zeit;
abbrechen hat seine Zeit, bauen hat seine Zeit;
weinen hat seine Zeit, lachen hat seine Zeit;
klagen hat seine Zeit, tanzen hat seine Zeit;
Steine wegwerfen hat seine Zeit,
Steine sammeln hat seine Zeit; herzen hat seine
Zeit, aufhören zu herzen hat seine Zeit;
suchen hat seine Zeit, verlieren hat seine Zeit;
behalten hat seine Zeit, wegwerfen hat seine Zeit;
zerreißen hat seine Zeit, zunähen hat seine Zeit;
schweigen hat seine Zeit, reden hat seine Zeit;
lieben hat seine Zeit, hassen hat seine Zeit; Streit
hat seine Zeit, Friede hat seine Zeit.

Amen. Und nun, mit einem tiefen Ein- und Ausatmen, beginne ich dieses Buch.

Im Anfang
Brot und Wein

Es ist Freitagnachmittag und meine Arme stecken bis zum Ellenbogen in einer riesigen Schüssel voller Hefeteig. Die zwei Kilo Mehl, die ich ursprünglich mit Hefe und Wasser verrührt habe, scheinen sich zu zehn Kilo vermehrt zu haben, und langsam wird mir das Ausmaß dieses Projekts klar. »Kurz durchkneten« steht im Rezept, aber diese Anweisung scheint mir nun so realistisch wie »kurz die Wüste aufsaugen«. Wieso tue ich mir das hier an? Was hat das traditionelle Sabbatbrot Challah mit mir zu tun?

Ich knete weiter, knete, bis meine Hände schmerzen und ich meine Oberarme nicht mehr fühle, knete, als könnte ich mir Gott einfach erarbeiten, indem ich die perfekten Challahs backe. Ich liebe dieses Kneten, diese sinnliche, tiefe Erfahrung. Brot backen ist wie meditieren – eine spirituelle Praxis, die mich zwingt, präsent zu sein. Meine Logik funktioniert ungefähr so: Ich habe keine Religion, ich habe keine Gemeinde, ich habe keine religiöse Familie, und der Großteil meiner Freunde sind Atheisten. Aber vielleicht kann ich durch das Leben religiöser Rituale trotzdem einen Zugang zu Gott finden? Wenn ich das perfekte religiöse Brot backe, einen wunderschönen geflochte-

nen Laib nach dem anderen zaubere, wenn ich, wie vorge-
schrieben, einen Teil des Challahs abzupfe und verbrenne,
um ihn Gott zu opfern, wenn ich das Messer auf den Tisch
lege, aber das Brot mit meinen Händen zerreiße, so wie
auch Abraham auf das Messer verzichtet hat, dann wird
Gott meinen spirituellen Ehrgeiz erkennen und mich mit
einem Zeichen belohnen.

Mein Handy klingelt, auf dem Display sehe ich das
Foto meiner Mutter. Was nun? Ich könnte sagen: »Ich backe Brot, ich rufe später zurück«, aber das wäre nur die
halbe Wahrheit. Ich backe nicht einfach nur Brot. Mir gefällt die Idee, dass dieses Brotbacken spirituelle Bedeutung
hat, dass ich mich in eine Tradition von Frauen einreihe,
die seit Jahrtausenden dieses Brot backen, jeden Freitag-
abend, überall auf der Welt. Ich könnte sagen: »Ich backe
Challah, um Gott zu ehren, ich rufe später zurück«, aber
später werde ich bereits mein Handy ausgeschaltet haben,
denn am Sabbat versuche ich ohne moderne Technik zu
leben.

Wie so oft habe ich so viel nachgedacht, dass ich
vergessen habe zu handeln. Den Anruf meiner Mutter
habe ich verpasst, aber die Fragen bleiben. Wie erkläre ich
all das meiner Familie? Oder muss ich überhaupt nichts
erklären? Wie wichtig ist es mir, verstanden zu werden?
Ist es vielleicht auch okay, wenn meine Liebsten mich für
ein wenig sonderbar halten und nichts verstehen? Wie
einsam darf meine spirituelle Reise sein? Wie einsam halte ich sie aus? Wie kann ich mir selbst, meiner Familie,
meinen Freunden und Ihnen begreiflich machen, wie ich
hier hingekommen bin? Was führt eine junge westeuropä-

ische Frau atheistischer Eltern dazu, an einem Freitag-abend traditionelles jüdisches Brot zu backen und dann die Königin Sabbat zu begrüßen?

An meiner Kindheit kann es auf keinen Fall gelegen haben. Wenn ich versuche, über die Beziehung meiner Familienmitglieder zu Gott nachzudenken, könnte ich ge-nauso gut über ihre Beziehung zu Voldemort oder Romeo und Julia nachdenken. Gott kam nicht vor in ihrer Welt, und somit bestand auch kein Anlass, sich zum Göttlichen zu äußern. Außer entfernten muslimischen Verwandten besteht meine Familie aus Atheisten. Und nicht nur das: Manche von ihnen waren Kommunisten und offen reli-gionsfeindlich. Mein Großvater väterlicherseits hat den Jugendverband der ägyptischen Kommunisten mitbegrün-det und musste daraufhin in die DDR fliehen, die ihm Asyl gewährte. Mein Großvater mütterlicherseits hat sich 1961 freiwillig gemeldet, um die Mauer mitzubauen, die für ihn antifaschistischer Schutzwall hieß. In meiner Fami-lie werden harte Arbeit, Literatur, Gregor Gysi und guter Wein angebetet, aber ganz bestimmt nicht Gott.

Auch nach Jahren der Suche bin ich immer noch in Versuchung, Gott in Anführungszeichen zu setzen, als dürfe ich nicht zugeben, dass es sich nicht um ein Hirn-gespinst handelt. Wenn ich an meine frühen Begegnungen mit Religion denke, erinnere ich mich an ein paar Lieder aus meinem wundervollen evangelischen Kindergarten und daran, wie eine Grundschulfreundin mir erklärte, dass mein Name nicht echt sei, weil ich nicht getauft wäre. Ich erinnere mich, wie ich einen Streit vom Zaun brach, nachdem mir zwei gleichaltrige Schwestern im Hort weißmachen wollten, dass die Patentante der einen nicht auch die Tante der anderen sei. Sofort lief ich zum Hortleiter, um die Lüge der beiden zu entlarven. Eine Extra-Tante für Christen? Ich war empört. In meiner Kleinstfamilie hätte ich einiges für eine zusätzliche Tante gegeben, und Christen bekamen sie einfach so.

Meine nächste Erinnerung an Gott geht auf den Religionsunterricht in der zweiten Klasse zurück. Ich hatte mich für evangelischen Religionsunterricht entschieden, da die meisten meiner Freundinnen evangelisch oder muslimisch waren. Die Moslems mussten statt zum Religionsunterricht zu einer Art Deutsch-Förderunterricht, rassistisch, aber wahr, und so schloss ich mich den Protestanten an. Ich verstand nie ganz, worum es bei all dem eigentlich ging, und die meiste Zeit sangen wir sowieso nur Lieder und malten Bilder biblischer Geschichten aus. Zwei Episoden aber sind mir in Erinnerung geblieben: Einmal sangen wir ein Lied über Mose, der den Pharao bittet, die Israeliten gehen zu lassen. Danach sprachen wir über Mose und sein Volk, und ich erinnere mich, wie mir plötzlich dünkte, dass die Bösen in der Bibel die Ägypter seien. Ich schämte mich. Meine ägyptischen Vorfahren hatten den netten Mose und seine Freunde versklavt. Als Siebenjährige mit mangelhaftem Geschichtsverständnis versuchte ich, mir meinen kleinen dicken Opa Fattah vorzustellen, wie er mit einer Peitsche vor einer Pyramide steht und Moses Freunde anschreit.

Die zweite Episode war nicht weniger verstörend. Unsere winzige Religionslehrerin, ich überragte sie bereits als Zehnjährige, las uns eine Geschichte über Johannes den Täufer vor und verteilte zwischendurch ein Bild, das wir ausmalen sollten. Auf dem Bild sah man einen abgeschlagenen Kopf, der von einer lächelnden Frau auf einem Teller getragen wurde. Was war los mit diesen Christen? Was war das für ein heiliges Buch, in dem Menschen ausgepeitscht, verflucht und enthauptet wurden? Zu Hause wollte ich von meiner Mutter Näheres erfahren. Sinngemäß erklärte sie mir, dass manche Leute an komische Sachen glauben und ich mir keine Sorgen machen müsse. Religion hatte nichts mit uns zu tun und abgetrennte Köpfe somit auch nicht. Ich war erleichtert.

Ich wuchs mit meiner Mutter und meiner Großmutter auf. Meine Oma ist eine taffe ostdeutsche Frau, die alleinerziehende Mutter einer Tochter war. Meine Mutter ist eine taffe ostdeutsche Frau, die wiederum eine Tochter alleine großzog. Von Religion wollten beide nichts wissen, und das hätte problemlos so weitergehen können, aber hier stehe ich nun und zupfe ein Stück des Teiges ab und wickele es in Alufolie. Ich teile den Teig, der nochmals eine halbe Stunde geruht hat, in zwei gleiche Teile und diese wiederum jeweils in drei Stränge. Nun flechte ich die Challahs zu gleichmäßigen Zöpfen. Die drei Stränge stehen für Wahrheit, Friede und Gerechtigkeit, und zusammengeflochten ergeben sie eine Einheit. Mir gefällt die Idee, Einheit und Stimmigkeit einfach zu flechten, zu backen und sich dann einzuverleiben. Nach einer anderen Interpretation dieses Rituals flechtet man beim Challahbacken die Tage der Woche zu einem festen Laib zusammen, beendet somit die Woche und läutet den Tag der Ruhe und Einkehr ein. Die Arbeitswoche mag in alle Richtungen zerstreut sein, aber durch das Challah macht man sich selbst bewusst, dass diese Zerstreuung nun vorbei ist und ein Tag der Vollkommenheit, des Friedens und der Klarheit folgt. Das abgezupfte, eingewickelte Stück Teig lege ich neben die Brote aufs Blech. Es soll für Gott reserviert sein und darf nicht gegessen werden.

Selbst in meiner religiösen Beseeltheit kann ich erkennen, dass all das einer Erklärung bedarf. Gott hatte im Leben meiner Mutter und Großmutter schlichtweg keine Notwendigkeit. Im Gegensatz zu mir fühlen die Mitglieder meiner Familie da, wo bei anderen Menschen Gott lebt, kein Loch in ihrer Seele. Sich über Gott aufzuregen, hätte so wenig Sinn, wie dem Weihnachtsmann Ungerechtigkeit vorzuwerfen. Gott gehörte ins Reich der Feen – mit dem Unterschied, dass Feen immerhin in Märchen vorkamen.

Über Gott wurde also einfach nicht geredet; mit religiösen Menschen allerdings verhielt es sich anders. Sie standen in der Vorstellung meiner Familie knapp über Spinnern, die sich Alufolien-Hüte aufsetzen, um nicht von Kondensstreifen ausspioniert zu werden. Meine Großmutter kaufte sich im Alter von 74 Jahren ihre erste Bibel, aber lediglich, um die Damen in dem kleinen Dorf im Münsterland, in dem sie heute lebt – ich zitiere –, »mit ihren eigenen Waffen zu schlagen«.

Mittlerweile ist es neun Uhr abends. Die Küche unserer WG füllt sich langsam mit Mitbewohnern und Freunden. Meine Mutter habe ich nicht zurückgerufen, da mein Handy bereits für den Sabbat ausgeschaltet ist. Mein Freund Max, der auf dem Papier katholisch, in Wirklichkeit aber Atheist ist, taucht auf, gibt mir einen Kuss und holt sich ein Bier aus dem Kühlschrank. Meine beste Freundin Sarah, die auf dem Papier evangelisch, in Wirklichkeit jedoch Atheistin ist, erscheint, umarmt mich und begrüßt die anderen Gäste. Mein Hund Ari, der zwar einen hebräischen Namen, aber höchstwahrscheinlich auch keinen Bezug zum Göttlichen hat, kommt angerannt und hofft, eine runtergefallene Nudel oder ein verlorenes Stück Gemüse zu ergattern.

Ich drehe mich so unauffällig wie möglich weg, spreche still ein Gebet, danke Gott für diesen Tag, meine Woche, meine Liebsten, dieses Essen und die Ruhe und Einkehr, die in den nächsten 24 Stunden folgen werden. Ich zünde Kerzen an, decke den Tisch für die zehn Menschen, die heute zum Essen kommen und hole die frisch gebackenen Challahs aus dem Ofen. Sie sind goldglänzend und duften nach Häuslichkeit und Frieden.

Ich möchte Religion und Bedeutung und Gott. Aber ich möchte auch all diese Atheisten, die ich liebe, diese dreckige WG-Küche und meine biertrinkenden Freunde, die mit Gott nichts anfangen können. So wie die Stränge des Challahs Einheit symbolisieren, so möchte auch ich aus den Gegensätzen meines Lebens ein leckeres, trostspendendes, einheitliches Brot flechten. Ich verteile die Suppe, die es als Vorspeise gibt, und reiße das erste Stück vom Challah ab. »Sabbat Shalom« flüstere ich und beginne meinen Tag der Ruhe.

Kneten und beten,
das beste Challah-Rezept:

Zutaten:
1 kg Mehl
5 EL neutrales Öl
1 EL Salz
1 Würfel Hefe
500 ml Wasser
1 Eigelb (wenn gewünscht)
Mohn/Sesam zum Bestreuen

Zubereitung:
- Hefe mit Wasser 15 Minuten gehen lassen
- Mehl, Öl, Salz dazugeben und kneten, bis die
  Arme schmerzen, dabei beten
- eine Stunde ruhen lassen
- wieder kneten, diesmal bis zur spirituellen
  Erleuchtung
- eine halbe Stunde ruhen lassen
- noch einmal kurz kneten (beten nicht vergessen),
  dann Teig halbieren
- Hälften jeweils in 3 Stränge teilen und
  zu 2 Broten flechten
- Challahs mit Eigelb bestreichen, eins mit Mohn
  und eins mit Sesam bestreuen
- ca. 30 Minuten bei 200 Grad backen
- Sabbat Shalom und guten Appetit!

Im Anfang
Betsocken

Meine Suche nach Gott begann, nachdem bei meinem Stiefopa Krebs diagnostiziert worden war. Die nächsten Jahre waren, wie bei den meisten Krebsgeschichten – ein Wechsel aus Chemo, Hoffnung, Haarausfall, Tränen, neuer Hoffnung, Metastasen und schließlich der Erkenntnis, dass der ganze medizinische Fortschritt der Welt nicht reichen würde, um 40 Jahre Kettenrauchen wiedergutzumachen.

Bis zur Diagnose meines Opas war ich nur unfreiwillig mit Gott in Berührung gekommen, aber plötzlich hatte ich das Bedürfnis, dieser mächtigen Krankheit etwas noch Mächtigeres entgegenzusetzen. Ohne religiöse Familie, ohne Gemeinde musste ich meine eigene Liturgie erfinden und meine eigene Art, mich an Gott zu richten. Gott war für mich weiblich, vermutlich, weil meine damalige Welt vor allem aus Frauen bestand.

Ich lag also im Alter von acht Jahren auf meinem Hochbett und fühlte, dass ich ein göttliches Symbol bräuchte, ein Zeichen, das mein Beten vom Alltag abhob. Kurzentschlossen stülpte ich ein paar kleine pinke Socken über meine Hände und taufte sie »Betsocken«. Jeden Abend holte ich sie hervor, sie wohnten hinter dem Braunbär mit der Ledernase, zog sie an und legte meine Hände zum Beten zusammen. Meine Anrede Gottes war vorsichtig und unbeholfen. Ich wollte nichts falsch machen und nicht unverschämt klingen und begann meine Gebete damit, mich erst einmal zu bedanken, für Essen und Obdach und so weiter, und Gott zu erklären, dass mir durchaus bewusst war, dass sie wichtigere Dinge zu tun hatte, als einen Kettenraucher von seinem selbstverschuldeten Lungenkrebs zu befreien. Trotzdem, wenn sie eine Minute finden würde, wäre es spitze, wenn mein Opa geheilt werden könne.

Im Nachhinein frage ich mich, wie ich mit meinem gottlosen Familienhintergrund auf die Idee kommen konnte zu beten. Andererseits habe ich von Angehörigen von Krebspatienten gehört, die anfingen, an Fernreiki, Schamanen und Aloe-vera-Pasten zu glauben. An Gott zu glauben, schien nicht abwegiger. Was ich weiß, ist, dass diese Gebete von Herzen kamen und ein ehrlicher Versuch waren, dieser grausamen, unberechenbaren Welt etwas Größeres, Besseres entgegenzusetzen. Was ich auch weiß, ist, dass auch monatelanges Beten nicht half und mein Opa schließlich nach langem Kampf verstarb. Ich hatte Gott eine Chance gegeben, sie hatte sie nicht genutzt, und das war es erstmal mit uns. Meine pinkfarbenen Socken wanderten verlegen in den Wäschekorb und ich beendete meinen kleinen Ausflug ins Reich der Fabelwesen.

Gott und ich trafen uns erst sechs Jahre später wieder, als ich einige Zeit bei wundervollen, armen, großzügigen, herzlichen und sehr muslimischen Verwandten in London verbrachte und anfing, mit dem Islam zu liebäugeln. Ich war auf den ersten Blick verliebt in diese laute, bunte Familie. Sie war alles, was meine Familie nicht war. Dank des fünfmal täglich grölenden Gebetsweckers und der unzähligen dunkelgelockten Kinder (es ist doch tröstlich, das eine oder andere Klischee bestätigt zu sehen) herrschte eine eindrucksvolle Geräuschkulisse, die durch laute Gespräche in verschiedenen Sprachen, die die zahllosen Gäste führten, noch unterstützt wurde. Jeden Tag schien Tag der offenen Tür im Haus meiner Verwandten zu sein. Mein Großonkel war kein Imam, hatte aber in seinem größtenteils muslimischen Londoner Stadtviertel den Ruf eines religiösen Gelehrten, und so strömten den ganzen Tag Menschen mit Fragen und Bitten ins Haus.

Der Islam schien die einzige Gemeinsamkeit des multiethnischen Getümmels zu sein und löschte die verschiedenen Bildungsstände, Kontostände und Hautfarben aus – alle waren Moslems und somit Brüder und Schwestern. Ich war fasziniert und voller Sehnsucht nach dieser Art von Familien- und Gemeindeleben. An einem ungewöhnlich ruhigen Tag tauchte eine eindrucksvolle Frau im Haus meines Großonkels auf. Sie war eine große und runde Person – bei einer Größe von eins achtzig treffe ich selten Frauen, mit denen ich auf Augenhöhe bin – in einer vollen Burka und hielt ihren kleinen Sohn an der Hand. Sie fühlte sich so heimisch bei Ahmed und seiner Familie, fühlte so stark, dass sie auch ihre Familie waren, dass sie ihr Kopftuch lockerte und ihr schönes schwarzes Gesicht entblößte. Wir setzten uns in den Garten, tranken Tee und sprachen miteinander, als würden wir uns ewig kennen. Ich erfuhr, dass sie alleinerziehend war, als Pharmazeutin arbeitete und bald zum Hadsch, der Pilgerreise nach Mekka, aufbrechen würde. Sie war gekommen, um sich Lektüre- und Reisetipps von Ahmed zu holen. Und während er in seinen Bücherregalen nach passenden Werken kramte, unterhielten wir uns über Gott. Sie sprach vom Islam als Geburtsrecht, dem Schicksal der Ungläubigen, Homosexualität und Palästina. In vielen Punkten waren wir uns uneinig und trotzdem verabschiedeten wir uns als Freunde. Sie schenkte mir ein Buch über den Islam, das sie gerade gelesen hatte, und als sie ging, war ich, eine leicht zu beeindruckende 16-Jährige, tief bewegt. In den folgenden Tagen führte ich die Diskussionen mit Ahmed fort. Und auch wenn mich begeisterte, wie diese Moslems Gemeinschaft lebten, konnte ich mich doch mit der Homophobie, die diese ansonsten so warmherzigen Menschen vertraten, nicht anfreunden. Auch über die wörtliche Auslegung des Korans stolperte ich immer wieder.

Dennoch wird mir die Art, wie Gott in der Gemeinde meines Großonkels zum Alltag gehörte, immer in Erinnerung bleiben. Onkel Ahmed und seine Familie fanden Gott überall. Jeden Mittag liefen wir zu zweit zu einem großen Supermarkt, und jeden Mittag rief Ahmed erneut: »Mashallah (danke Gott), they have a hallal chicken.« Er trug das Huhn begeistert nach Hause, bereitete es zu und dankte Gott für sein Glück. »Gott ist groß«, rief meine Großcousine Heba, wenn sie eine besonders schöne Blume im Garten entdeckte, und selbst für einen pünktlichen Zug wurde Allah gedankt. Jeden Tag ein kleines Wunder, wieder ein Huhn aus dem Supermarkt. Auch wenn Allah nicht der Gott für mich ist, liebe ich die Art, wie er in meiner muslimischen Familie zum Leben gehört. Eine gute Note, Sonnenschein, eine Tierdoku im Fernsehen – Gott hat an allem Anteil und verdient dafür Dank. Eine solche Beziehung wünschte ich mir zu Gott. Einem Gott, der da ist – jeden Tag, nicht einmal die Woche.

Ich verließ London beseelt und verwirrt zugleich. Was würde ich mit dem Bedürfnis anfangen, Gott in den kleinen Dingen zu finden? Zu Hause angekommen, passte es nicht mehr. Wie ein Hut, der im Urlaub großartig ausgesehen hatte und den man zu Hause nie wieder aus dem Schrank holt, erschien mein alltäglicher, neuer Gott nach meiner Rückkehr deplatziert und sperrig. Ich probierte den Hut im Laufe der nächsten Jahre ab und zu. Ich befreundete mich mit einer Pfarrerstochter und setzte den Hut kurz auf. Ich besuchte Verwandte in Ägypten und nahm den Hut mit. Im Urlaub sah er wieder großartig aus. Eine Weile schloss ich mich einer sympathischen, wenn auch sterbenslangweiligen evangelischen Gemeinde an und trug sonntags meinen Hut, aber ganz wollte er nie passen. Schließlich stopfte ich ihn verlegen in eine Schublade, nach ganz hinten, hinter alte Schlafanzüge und Kleidung mit Löchern, von der ich mich aus sentimentalen Gründen nicht trennen wollte.

Dann lernte ich Max kennen und fing, zu meiner großen Überraschung, an zu beten. Es geschah eines Nachts,
während ich als Schlafgestörte wachlag und seinen Nacken
streichelte. »Danke, Gott«, hörte ich mich flüstern. »Danke,
danke, danke.« In den nächsten Monaten erwischte ich
mich bei kleinen Stoßgebeten. »Danke, Gott, ich kann nicht
fassen, wie glücklich ich bin. Danke.« Die Feministin in mir
möchte kurz anmerken, dass ich nicht auf einen Retter mit
dem weißen Pferd gehofft und nie erwartet habe, dass Max
all meine Probleme löst. Ich bin immer noch introvertiert,
kompliziert und launisch. Ich bin nur plötzlich all das *und*
verliebt. Verlegen krame ich den alten Hut wieder aus der
Schublade und setze ihn auf.

Will ich also doch einen Gott des Alltags? Will ich,
was ich damals in London bei Onkel Ahmed schon wollte,
nur dieses Mal aus besseren Gründen? Ich bin weit gekommen seit den Betsocken. Diesmal habe ich an einem
Höhepunkt, nicht an einem Tiefpunkt meines Lebens angefangen, Gott zu suchen, und das macht mir Mut. Meine
Suche nach Gott ist nicht einfach ein verzweifelter Versuch, eine boyfriendförmige Lücke zu schließen oder eine

lebensfreudeförmige Lücke, sondern ausschließlich eine gottförmige.

Seitdem bete ich also ab und an, unbeholfen und so, wie andere Menschen Reality-TV gucken oder masturbieren: heimlich, nachts, hinter verschlossenen Türen. Vielleicht kann Gott einfach mein eigenwilliges, etwas kauziges Hobby sein? Mein Vater beispielsweise, der ansonsten ein wundervoller Mensch ist, klaut hobbymäßig Suchbilder entlaufener Haustiere. Mittlerweile hat er einen ganzen Ordner voller Bilder, von gewöhnlichen Vermisstenanzeigen für Hauskatzen und ab und an für einen Hund bis hin zu entlaufenen Plüschtieren und Schildkröten. Gott ist also mein Katzensuchbilderhobby, mein seltsames Vergnügen. Ein bisschen verschroben vielleicht, moralisch fragwürdig, aber insgesamt doch relativ harmlos. Meine Gottesbeziehung ist eine einseitige Bekundung meiner Dankbarkeit, und sie ist frei von Gemeinde, Tradition, Konfession und Kirchensteuer.

Max und ich sind mittlerweile seit vier Jahren ein Paar, und immer noch lautet mein Lieblingsgebet: Danke, danke, danke!

Eigentlich klingt das doch ganz gut, oder? Ich bin jemand, der heimlich ein bisschen an Gott glaubt und heimlich betet und ich spreche mit Gott, wann es mir passt und keiner muss es wissen? Das klingt schlüssig und nach einer guten Lösung. Ich kann spirituell sein, ohne meine atheistische Familie, meine ungläubigen Freunde oder meinen gottlosen Mann zu verprellen, solange diese Spiritualität totale Privatsache ist. Mehr noch als privat, im Sinne von »nur in meinen eigenen vier Wänden«; nein, privat im Sinne von »nur in meinem eigenen Kopf«.

Eine Weile funktionierte das, aber dann kamen die Sehnsüchte. Nach Tradition, nach Gemeinde, nach jahrtausendealten Ritualen und einem Glauben, in dem ich meine künftigen Kinder großziehen kann. Zusätzlich schlich sich der Neid auf Menschen wie meine Freundin Julchen ein, die sich mit Kopftuch und Überzeugung vor die Welt stellt und mit hoch erhobenem Haupt sagt: »Ich bin Muslima, ich glaube an Allah.« Ich möchte einen Glauben in Aktion, in Gemeinschaft, einen stolzen Glauben, der etwas macht mit mir und der Welt. Ich möchte mich bekennen können, möchte einen Glauben, der es wert ist, verteidigt zu werden.

Ich bin bereit für all das, aber ich brauche einen Krumen Sicherheit, dass es überhaupt etwas gibt, an das ich glauben kann. Niemals werde ich denken, dass die Existenz Gottes so offensichtlich ist, dass nur ein Idiot sie leugnen könnte, aber ich brauche ein Zeichen, ich brauche eine Erfahrung, an die ich meinen Glauben binden kann. In anderen Worten, ich brauche ein Bekehrungserlebnis, nach Möglichkeit zeitnah.

Sehr geehrter Gott,

nach jahrelanger, holpriger Suche nach dir, habe ich ein Zeichen verdient. Das sage ich in aller Bescheidenheit. Hiermit stelle ich eine sogenannte kleine Anfrage. Falls du – ich hoffe es ist okay, wenn ich dich duze – mit der deutschen Verfassung unvertraut bist, lass mich die kleine Anfrage erläutern: Als Instrument der parlamentarischen Kontrolle habe ich das Recht, dir als meiner Regierung Fragen zu stellen, die du beantworten musst. In Nordrhein-Westfalen hast du dazu vier Wochen Zeit. Hier meine Fragen:

Gibt es dich?

Falls es dich gibt: Hast du ein persönliches Interesse an uns Menschen und einer Beziehung zu uns?

Bist du allmächtig oder allgütig oder irgendwie beides? Falls die Antwort »beides« ist, erläutere bitte gründlich.

Wenn es dich gibt und du dich für uns Menschen
interessierst, ist es dir wirklich wichtig, ob ich
dich Allah, Gott, Jahwe oder Erleuchtung nenne?
Das ist keine rhetorische Frage, ich bin ehrlich
interessiert!

Falls du aus Zeitmangel nur für die Beantwor-
tung einer der obigen Fragen Zeit hast, entscheide
dich bitte für die zweite.

Ich wünsche mir ein Erlebnis wie Augustinus
unter dem Feigenbaum. Ich möchte eines Morgens,
nach einem Abend mit zu viel Wein und vorehe-
lichem Sex und kapitalistischer Musik, aufwachen
und geläutert sein, dich spüren, dich vielleicht
sogar hören. Ich möchte Engelsgesang und weißes
Licht und eventuell einen brennenden Busch.
Apropos Busch – selbst George W. Bush, dem ich es
am wenigsten gönne, auch wenn das natürlich kein
sehr christlicher Gedanke ist, hatte eine religiöse
Bekehrung und läuft seitdem als »born again
Christian« durch die Welt.

Ich spüre dich sanft den Kopf schütteln. Hast du
mir nicht schon so viel geschenkt? Hast du mir
nicht meinen Partner Max und meine wundervolle
beste Freundin Sarah geschenkt? Bin ich nicht
einigermaßen gesund und lebendig, und habe ich
nicht ein Dach über dem Kopf? Was könnte denn
ein größerer Liebesbeweis sein als Literatur, die
Weltmeere, Oliven und ab und an ein rosa-orange-
ner Ruhrgebiets-Sonnenuntergang?
Manchmal bist du mir ein wenig zu selbstgerecht

in all deiner besonnenen Weisheit. Ich versuche es
also mit der uralten Kunst des Feilschens.

Wenn ich schon kein Erweckungserlebnis
bekomme, möchte ich immerhin einen religiösen
Weggefährten. Jesus selbst wurde Johannes
der Täufer zur Seite gestellt. C. S. Lewis wurde
vom großen J. R. R. Tolkien überzeugt, sich dir
wieder zuzuwenden. Wo ist mein weiser christlicher
Science-Fiction-Autor? Ich würde auch einen
geläuterten Ex-Alkoholiker mit Vorstrafenregister
nehmen, der zu dir gefunden hat.

Ich sehe ein, dass ein brennender Busch zu
viel verlangt ist, aber einen Ex-Knacki wirst
du doch für mich organisieren können, oder?
Darum bitte ich in aller Bescheidenheit!

Hochachtungsvoll,
Lisa

Ich brauche ein Zeichen für mich und meinen Glauben, aber ich brauche es auch, um mit Selbstbewusstsein
Gott zu sagen, ohne Augenzwinkern, ohne Anführungs-
striche. Ich erwarte keinen Glauben, von dem ich überzeugt
bin wie von der Existenz des Stuhles, auf dem ich sitze,
während ich diese Zeilen schreibe. Aber ich möchte einen
Glauben, über den ich mir sicher bin, so wie ich mir sicher
bin, dass es Liebe und Sehnsucht und Angst gibt. Ich möchte mich trauen, Gott zu sagen – oder immerhin zu denken.
Zusätzlich, und es fällt mir nicht leicht, dies zuzugeben,

möchte ich meiner Familie mit ein bisschen mehr Selbstvertrauen begegnen. Ich habe versucht, mich meinem Vater, meiner Mutter und meiner Großmutter zu erklären, aber meine Familienmitglieder sind von meiner Suche nach Gott irritiert. »Was haben wir falsch gemacht?«, fragen sie sich. »Hätten wir es kommen sehen können?« Interventionen wurden geplant und die Sekteninfo angerufen, aber nun haben sie sich damit abgefunden, dass sie ein Kind auf Abwegen haben, und sie haben entschieden, mir in diesen schweren Zeiten beizustehen.

Ich hatte meine Rolle als schwarzes Schaf akzeptiert und war bereit, sie auszufüllen. Dann lief ich eines Herbsttages mit meinem Hund durch den Wald und sah ein paar Dutzend Ameisen ihrer Wege gehen. Mein verstorbener Großvater Fritz trat vor mein inneres Auge. Mit seiner Schiebermütze und seiner Pfeife beugte er sich zu mir und zu diesen Ameisen hinunter. Opa Fritz ließ keine Gelegenheit aus, seiner einzigen Enkeltochter die Vorzüge des Sozialismus aufzuzeigen. Bei jeder Ameise, die mir in seinem Beisein begegnete, konnte man verlässlich darauf warten, von meinem Großvater zu hören: »Lisa, wusstest du, dass Ameisen das 30-Fache ihres Körpergewichts tragen können? Und Kamele nur 150 Kilo, obwohl sie 700 Kilo wiegen? Und weißt du, warum das so ist?« Er machte eine Kunstpause und schaute mich bedeutungsvoll an, auch wenn ich natürlich längst wusste, warum das so war. »Weil Kamele für ihre Herrscher arbeiten, aber Ameisen für sich selbst.«

Mein Opa Fritz war Sozialist aus Überzeugung. Religion war Opium des Volkes, während Sozialismus schlichtweg die Wahrheit war. Aber wenn ich an meinen Opa Fritz denke, der mit glänzenden Augen von der Weltrevolution sprach und mit ganzem Herzen daran glaubte, dass die Arbeiterschaft früher oder später das kapitalistische System stürzen würde, war er dann nicht auch ein Apostel? Ist Sozialismus mit seiner Heilserwartung nicht auch eine Religion? Und wenn Max Samstagnacht selbstvergessen mit 400 anderen Leuten zu Hip-Hop die Arme hebt, ist das dann keine religiöse Erfahrung? Und wenn hier im Ruhrgebiet Tausende Menschen ins Stadion pilgern und ihr ganzes Glück an 22 Männer und einen Ball hängen, haben sie dann keine Heilserwartung? Vielleicht haben wir alle unsere Götter, und ich entscheide mich einfach für den Klassiker? Religion kann Opium des Volkes sein. Aber das können Reality-TV, Sport, Geldgier und echtes Opium auch. Ich möchte einen Glauben, der mich wütend macht, wenn mir soziale Ungerechtigkeit, Diskriminierung und Risiko-Kapitalismus begegnen, keinen, der mich einlullt. Die Idee, dass Religion per se willentliche Entmündigung ist, halte ich, um es klar und deutlich zu sagen, für Quatsch.

Also Gott, ich bin bereit, mich für dich zu entscheiden, anstatt meinen Glauben an politische Ideologien, Sportler oder Popstars zu hängen. Okay, Letzteres ist geflunkert. Ich hänge meinen Glauben an dich und Beyoncé Giselle Knowles-Carter. Aber falls du existierst, bin ich sicher, dass auch du sie für die Krone deiner Schöpfung hältst und Verständnis hast. Ich möchte die Welt mit offenen Augen sehen und so durchs Leben gehen, dass du möglich bist. Aber im Gegenzug musst du mir ein Zeichen senden. Ich warte hier mit offenem Herzen, bereit zu empfangen.

Im Anfang
Befleckte Empfängnis

Apropos Empfangen: Ein Großteil meiner Kommunikation geschieht über WhatsApp. Dieser Nachrichtenversand ermöglicht uns Stubenhockern zu kommunizieren, ohne unsere Betten zu verlassen, und hat den Wortschatz meiner Generation um Kürzel wie XO (= hugs and kisses) und lol (= laugh out loud) bereichert. WhatsApp hat uns zusätzlich zwei kleine blaue Häkchen geschenkt, die erscheinen, sobald der Empfänger unsere Nachricht erhalten hat. Zwei kleine blaue Häkchen, die uns wissen lassen, dass wir gehört wurden. So etwas wünsche ich mir von Gott.

Leo Tolstoi hat mal gesagt, dass das ganze Leben eine Annäherung an Gott ist. Aber ich muss wissen, dass es überhaupt etwas gibt, an das ich mich annähere, und ich mich nicht nur um mich selbst drehe wie ein tollwütiger Straßenhund, der seinem eigenen Schwanz nachjagt.

Ich bitte um ein göttliches Zeichen, irgendetwas, was meiner Bereitschaft zu glauben Berechtigung verleiht. Und viele Dinge laufen gut. Vor einigen Monaten habe ich bei einem Literaturwettbewerb dreihundert Euro gewonnen, die ich wirklich dringend brauchte. Meine Bandscheiben-OP ist unerwartet gut gelaufen (Bandscheiben-OP, in dem Alter? Yip, danke der Nachfrage ...). Muss ich also selbst erkennen, ob es sich um Zeichen oder Zufall handelt? Zwei kleine blaue Häkchen würden helfen. Denn wenn ich mich festlege, dass es Gottes Werk war, wie soll ich diese Feststellung dann von einem tollwütigen Sich-im-Kreis-Drehen unterscheiden?

Ich sehe ein, dass du es nicht leicht hast heutzutage. Ein abergläubisches Wüstenvolk war leichter von Gott zu überzeugen als meine aufgeklärte, abgebrühte und ach so hippe Generation. Ich bin nicht unvoreingenommen, habe Christopher Hitchens, Richard Dawkins und Sam Harris (die großen Atheisten unserer Zeit) gelesen und mich somit gründlich bei der Konkurrenz umgeschaut. Ich glaube nicht, dass du unvermeidlich bist oder dass ein moralisches Leben ohne dich nicht möglich ist. Aber ich möchte mich für dich entscheiden, trotz der Option, ohne dich zu leben.

Also Gott, falls du religiöse Memoiren liest, und ich glaube, das sollte dein Lieblingsgenre sein, schicke mir ein Zeichen, klein und blau oder groß und weiß (ich denke an Blitze, die in den Nachthimmel schreiben: »Lisa, ich bin da.«). Danach werde ich dich in Ruhe lassen und nicht mehr zweifeln. Versprochen!
XO, Lisa

**Die Liste an Dingen, bei denen
ich mir sicher bin, ist erstaunlich
kurz und sieht ungefähr so aus:**
- *Ich liebe Max und meine Freunde
  und bin dankbar, dass sie da sind.*
- *Tiere essen ist falsch.*
- *Königin Rania von Jordanien ist
  die beste Königin.*
- *Manche Leute sind schwul, und das
  ist auch gut so.*
- *Ich liebe den Sabbat.*

Schon lange bevor ich mich mit der Genesis beschäftigt, über Jesus nachgedacht oder sogar eine Taufe erwogen habe, war ich von der Schönheit und Notwendigkeit des Sabbat überzeugt. Auch wenn ganze Wirtschaftszweige erfunden wurden, um uns vom Gegenteil zu überzeugen, finde ich Innehalten lohnenswert. Als gute Linke glaube ich, dass alle kapitalismusfeindlichen Freuden schützenswert sind, und der Sabbat ist eine davon. Ein Tag pro Woche, an dem nichts erworben, bestellt, produziert oder verkauft wird. Es geht nur darum, in Kontakt zu sein. Mit Gott, meinen Nächsten und mir selbst. Am Sabbat legt mein Schiff in seinem Heimathafen an, tankt auf, ruht, und dann kommt die nächste Fahrt. Denn kein Job und kein Lifestyle sind mir so wichtig, dass ich nicht ein Mal die Woche meine E-Mails ignorieren und mein Handy ausschalten kann. Ich habe einen höheren Gott als »Beschäftigtsein«.

Wenn ich mit meinen Freundinnen, zum Großteil kinderlose Frauen Mitte zwanzig, rede und frage, wie es ihnen geht, ist die häufigste Antwort: Alles ist irgendwie zu viel, zu voll. Ich gebe ähnliche Antworten, wenn ich selbst gefragt werde und habe den Verdacht, dass Ausgepowertsein zu einem Ehrenabzeichen geworden ist. Menschen sprechen über Burn-outs mit Respekt, nicht mit Beileid. In meiner WG-Küche habe ich Instantnudeln gefunden, und Facebook und Twitter verlangen von mir die Aufmerksamkeitsspanne eines Zweijährigen. Hier eine kleine Erkenntnis: Wenn ich die zehn Minuten nicht habe, um meine Nudeln zu kochen, dann ist mein Leben zu schnell, nicht die Nudeln zu langsam. Ich möchte es nie spitze finden, wie wenig Zeit ich für mich habe und mein Beschäftigtsein mit heimlichem Stolz vor mir hertragen. Mein Alltag ist kein Kidnapper, und ich leide nicht unter dem Stockholm-Syndrom.

Im einundzwanzigsten Jahrhundert Sabbat zu halten, scheint beinahe radikal und kostet erstaunlich viel Überwindung. Schon nach wenigen Minuten eines Samstagmorgens möchte ich selbstvergessen zu meinem Handy auf dem Nachttisch greifen und schauen, welche Nachrichten, Instagram- und Facebook-Posts ich in der Nacht verpasst habe – es könnte ja sein, dass ich über Nacht cool geworden bin und meinen neuen Online-Fans gerecht werden muss, indem ich zwei Stunden meines Morgens damit verplempere, zu posten, antworten, sharen und liken. Stattdessen stehe ich auf, gehe *nicht* zu meinem Laptop, um meine E-Mails zu checken, sondern begrüße meinen Hund, mache mir einen Kaffee und schaue in den Morgenhimmel. Ich versuche mich zu entspannen, denn ich bin nervös ohne mein Handy, das ständige Erreichbarkeit garantiert. Aber Meditation und Smartphones passen nun einmal nicht zusammen. Vielleicht verträgt Gott sich nicht gut mit WLAN und ständiger Erreichbarkeit, mit blinkenden Handys und einflatternden Tweets. Vielleicht raubt uns die neue Technologie im Laufe der Woche so viel Aufmerksamkeit, dass es nur fair ist, Gott einen Tag zuzugestehen, an dem ihre Stimme die Lauteste ist. Denn wenn ich aufmerksam, achtsam und vor allem still bin, kann ich den sanften Faden, der mich mit Gott verbindet, vielleicht finden und pflegen. Ich muss mich und Gott aushalten am Sabbat, kann mich nicht ablenken mit all der angenehmen, kurzlebigen Fastfoodunterhaltung um mich herum. So weit die Theorie. Praktisch bin ich von Atheisten umgeben, die bewusst oder unbewusst versuchen, meinen Sabbat zu boykottieren. Meine beste Freundin ruft einfach auf dem Handy meines Freundes an, meine Mitbewohner überzeugen mich, dass ein kleines Eis essen zu gehen, nicht wirklich heißt, Geld auszugeben, und sobald ich versuche zu beten, schreien ein paar Betrunkene vor meiner Wohnung

Ari und die Macht Gottes

um die Wette. Schlimmer noch: Ich selbst, die sechs Tage die Woche ihr Handy immer griffbereit hat, ringe mit mir und bin in Versuchung, die selbstauferlegte Beschränkung aufzuheben. Denn hier ist der Knackpunkt meines Sabbats und all meiner weiteren religiösen Unternehmungen: Sie sind gänzlich selbstauferlegt. Sobald ich entscheide, dass es Gott doch nicht gibt und Religion Quatsch ist, gibt es Gott in meinem Leben auch nicht mehr.

Wann immer ich zweifele, kann ich meine Spiritualität, wie den aus der Mode gekommenen Hut, einfach ablegen. Meine Religiosität ist erschreckend ungebunden und sehr einsam.

Das Schöne am Sabbat ist, dass er auch ohne Gott Sinn ergibt. Dasselbe kann ich vom Beten, einer kirchlichen Heirat oder den Leib Christi empfangen nicht behaupten. Handelt es sich bei meiner Religiosität also nur um eine abgespeckte Version, die ich nur da annehme, wo sie ohnehin mit meinen humanistischen Werten zusammenpasst? Mein Kopf qualmt, aber auch hier hilft der heilige Sabbat. Denn bewusst zu versuchen, die gedankliche Achterbahn kurz auszuschalten, ob aus buddhistischen, jüdisch-christlichen oder weltlichen Gründen, ist immer eine gute Idee. Darin bestärken mich auch die Israeliten. Denn Sabbat halten ist nicht leicht. Aber wenn ich mich an das Alte Testament erinnere, hat man es den Israeliten auch nicht leichtgemacht. Ganz grundsätzlich scheint es mir bei den abrahamitischen Religionen nicht darum zu gehen, besonders bequem zu leben. Einige Beispiele: Mose läuft vierzig Jahre mit den Israeliten durch die Wüste und stirbt, bevor er das gelobte Land betreten kann. Der arme Josef wird erst beinahe ermordet, dann versklavt und eingekerkert und kann sich schließlich nur durch seine Fähigkeiten als Traumdeuter befreien. Und Jona verärgert Gott und büßt, indem er es drei Tage und drei Nächte in einem großen Fisch aushält. Deswegen poche auch ich nicht auf Bequemlichkeit, sondern backe trotzdem Challah, schalte trotzdem mein Handy aus und versuche trotz der säkularen Welt, in der ich lebe, mindestens einen Tag in der Woche mit Gott Kontakt aufzunehmen.

Denn ich glaube fest, dass Gott nicht am siebten Tag innehält, weil sie erschöpft ist. Sie ist immerhin Gott. Ich glaube, sie ruht am siebten Tag der Schöpfungsgeschichte, um uns ein Vorbild zu sein. In diesem Sinne, Sabbat Shalom.

Ari und die Macht Gottes
Meschugge

Kennen Sie den schon? Ein israelischer Rabbiner und eine deutsche Agnostikerin sitzen in einer Synagoge und trinken Tee. Das ist das Ende. Witziger wird's nicht. Vor etwa zwei Jahren habe ich mich Hals über Kopf in das Alte Testament verliebt. In die Schöpfungsgeschichten mit ihrem Versuch, unseren Ursprung auszuloten, und in die Sintflut, welche eine neue Schöpfung der Menschheit im Kleinen ermöglicht. In den Bund Gottes mit den Israeliten und Gottes Erkenntnis, dass der Mensch fehlerhaft ist und trotzdem verdient zu leben. In den Glauben der Israeliten an eine bessere Zukunft durch Gottes Beistand. Und in das vielseitige theologische Drumherum, das einen jahrtausendelangen Kommentar zu den ursprünglichen Texten der Bibel bietet.

Wie immer, wenn ich verwirrt bin, habe ich erstmal alles gelesen, was ich in die Finger kriegen konnte. Vom Talmud bis zu evangelikalen Memoiren des einundzwanzigsten Jahrhunderts, von christlichen Heiligen des Mittelalters bis hin zum jüngsten Werk des Papstes (übrigens sehr empfehlenswert. Papst Franziskus = bester Papst). Ich fing an, den Sabbat zu halten, Challah zu backen und beschloss nach monatelangem Grübeln, Jüdin zu werden. Als ich mich schließlich bereit fühlte, kontaktierte ich die jüdische Gemeinde meiner Stadt und wurde zu einem Gespräch mit dem Rabbiner eingeladen.

Unter Orthodoxen

Die Essener Synagoge ist gut gesichert. Nur am Briefkastenschild erkennt man, dass es sich um eine jüdische Gemeinde handelt, wobei der Mannschaftswagen der Polizei, der vor dem Eingang parkt, auch ein Hinweis sein mag. Die beiden Polizisten sehen verloren aus in ihrem großen Auto und hocken dort wie schläfrige Kleinkinder, die in ihren Hochstühlen versuchen, mit aller Kraft wach zu bleiben. Sie tun mir leid und machen mich traurig. Und sie erinnern mich daran, was es auch bedeutet, Jüdin in Deutschland zu sein. Möchte ich wirklich, dass meine Kinder ihr Gotteshaus mit ständiger Polizeipräsenz verbinden? Und könnte ich mit der Gefahr leben, der ich sie aussetze?

Um in die Synagoge zu kommen, muss man durch zwei Türen mit Schleusensystem, so dass man einen Moment in einer gläsernen Zwischenwelt gefangen ist. Auf der einen Seite das graue Ruhrgebiet, auf der anderen Seite das auserwählte Volk. Das auserwählte Volk, das sich in der Essener Synagoge trifft, besteht vor allem aus kleinen alten Russen, die kein Deutsch sprechen, die während des Gottesdienstes tuscheln wie Schuljungen und ihre Religion auch sonst mit Humor nehmen. Der Rabbi sieht aus, wie ich mir einen Rabbi vorstelle. Als wäre er einem Film der Cohen-Brüder entsprungen, um all meinen Klischees zu entsprechen. Er trägt einen abgetragenen schwarzen Anzug, dazu praktische Turnschuhe, und unter seinem übergroßen Jackett sind die jüdisch-orthodoxen Fransen zu erkennen. Er hat einen weißen Bart, einen schwarzen Hut und ist ein Geschichtenerzähler. Mehrmals während der nächsten Stunden muss ich an meine ägyptischen Verwandten denken.

Dieser sanfte Orientale und ich reden wortwörtlich über Gott und die Welt, über Israel, das Ruhrgebiet und den anstehenden Besuch seines Enkels. In der Gemeindeküche kochen wir zusammen sein Abendessen (es gibt Chicken) und nach einer Stunde überwinde ich mich und frage durch die Blume, wie es mit dem orthodoxen Judentum und einer religiös gemischten Ehe aussieht. Er schaut mich lange mit seinen weisen flinken Augen an und antwortet dann bestimmt: »Wenn Sie konvertieren, Sie würden mit eine Mann, der nicht fünf Stunden an Tag Thora studiert, nicht leben wollen. Wenn Sie Gott so lieben, möchten Sie eine Mann, der es auch fühlt, der es teilt.« In dem betretenen Schweigen, das folgt, denke ich an Max, der vielleicht mal im Urlaub etwas von Stephen King liest, aber sein Leben ansonsten der Medizin und Computerspielen widmet. Eine Gemeinde, die ihn nicht akzeptieren könnte, ist keine Gemeinde für mich.

Ich bin spirituell erschöpft, um Kafka zu zitieren. Später, bei der Ausstellungseröffnung eines Freundes, wollen Sarah und Max wissen, wie es gelaufen ist, aber mir fehlen die Worte. Wie es war? Wundervoll und herzlich und verwirrend und traurig und komisch. Ich betrinke mich – meine Reaktion auf jedwede Art von Überforderung – und versuche, mir eine Meinung zu bilden.

Eines ist klar: Ein Gott, der erwartet, dass ich mich von Max trenne, um mich ihm zuwenden zu können, ist nicht mein Gott. Was Max und ich haben, ist schön und echt und richtig, und ein Gott, der mich liebt, möchte, dass ich das bewahre.

Unter Liberalen

Nach mehreren Monaten des Grübelns kontaktiere ich eine liberale jüdische Gemeinde in Mühlheim. Auch diese besteht vor allem aus alten kleinen Russen. Eine Frau mit blonden toupierten Haaren und hohen Lackstiefeln öffnet mir die Tür und führt mich zur Rabbinerin.

Die Rabbinerin ist eine warmherzige Russin, die sich Zeit nimmt für mich, mir zuhört und meinen Wunsch zu konvertieren kritisch hinterfragt. Sie ist verständnisvoll, offen, und ich möchte weinen vor Freude, aber schließlich fragt auch sie mich nach Max, danach, ob er sich vorstellen könnte, mit mir zu konvertieren, und ob er eine jüdische Erziehung unserer zukünftigen Kinder unterstützen würde. Ich winde mich, murmele etwas von Max' Offenheit gegenüber Religion, aber im Grunde weiß ich, dass es nicht geht.

Ich bedanke mich und nehme an dem schönsten Gottesdienst meines Lebens teil.

Die Rabbinerin bespricht das Schma Israel, das unter anderem das jüdische Morgengebet ist. Sie spricht darüber, dass wir alle Israel sind, und ich möchte so sehr Teil dieser Gruppe sein, aber muss mir eingestehen, dass es alle außer mir sind, die Teil Israels sind. Wir singen, klatschen und begrüßen den Sabbat.

Anschließend sitze ich mit einer Gruppe russischer Jüdinnen an einem billigen Holztisch im Gemeinderaum, der sich vom Gebetsraum nur durch die Aufschrift an der Tür unterscheidet, esse ein Reisgericht und trinke süßen Rotwein. Das Challah macht die Runde, indem jeder sich den großen Brotlaib unter die Achsel klemmt und beherzt ein Stück abreißt. Dann wird das Brot weitergegeben und unter die nächste Achsel geklemmt. Ich muss an meine Mutter denken, an meine Großmutter, an meine Stiefmutter und an Sarah. Ich bin ziemlich sicher, dass es ihnen schwerfallen würde an meiner Stelle, als Letzte am Tisch, in das Brot zu beißen, nachdem bereits vierzehn Hände und Arme es berührt haben.

»Sie sind keine Jüdin?«, fragt mich eine der Damen neugierig und schenkt mir ungefragt Wein nach. Ich versuche abzuwinken, aber sie lässt mich wissen: »L'Chaim (hebräisch für Prost) heißt auf das Leben – und auf das Leben müssen wir trinken.«

»Ich bin keine Jüdin«, sage ich und ernte interessierte Blicke.

»Sie sind ein Christ?«, will eine weitere russische Großmutter wissen, und wieder verneine ich. »Sie wollen eine Jude werden?«, fragt eine andere Frau und ich lächle unbeholfen. »Warum? Und was sagen Ihre Eltern dazu?

Und haben Sie einen Mann?« Ich lächele, bis ich meine Wangen nicht mehr spüre, trinke weiter Wein und verabschiede mich schließlich dankbar, erschöpft und tieftraurig.

Wieder zu Hause, fragt Max mich, wie es gelaufen ist, und ich breche weinend vor ihm zusammen.

»Warum kannst du kein Jude für mich werden? Oder immerhin ein richtiger Christ? Oder Moslem? Warum kannst du mich nicht genug lieben, um an Gott zu glauben?«

Ich weiß, dass das nicht fair ist. Ich habe ihn als Atheisten kennengelernt und ihn in unseren ersten gemeinsamen Jahren glauben lassen, dass Gott in meinem Leben eine Rolle spielt, die nichts mit ihm zu tun haben muss. Er ist glücklich in seinem Leben ohne Religion, vermisst nichts und hat kein Problem damit, unsere künftigen Kinder ohne eine Gemeinde großzuziehen.

Mein Ringen um Gott und Religiosität ist in Max' Augen ein Schattenkampf, von dem er mich nicht abbringen möchte, der aber auch absolut nichts mit ihm zu tun hat. Die Luft ist raus, ich kann nicht länger mit mir und Max und einem Gott, an den ich eventuell gar nicht glaube, kämpfen. »Spirituelle Suche« klingt nach einem Spaziergang durchs Feenland, nach Räucherstäbchen und hunderten putzigen Erkenntnissen, die dann eine nette spirituelle Identität ergeben, mit der es sich leben lässt. Meine »spirituelle Suche« fühlt sich eher an, als müsste ich mich mit einer Machete durch einen Urwald kämpfen, ohne sicher zu sein, dass das Ziel meiner Anstrengungen überhaupt existiert.

Einige Wochen später höre ich beim Aufräumen nebenbei ein Interview, in dem die Interviewte sagt: »Clarity comes from engagement not thought.« Ich eile zum nächsten Stück Papier, schnappe mir einen Stift und schreibe diesen Satz sofort in großen Buchstaben auf. Klarheit durch Handlung, nicht durch Nachdenken. Als die weltfremde Theoretikerin, die ich bin, habe ich darüber nie nachgedacht. Falls Taten lauter als Worte sprechen, bin ich stumm. Aber vielleicht ist Handlung der erste Schritt, vielleicht klärt sich der Rest von selbst.

Ari und die Macht Gottes
Paradise Lost

Drei Tage nach den Anschlägen auf Paris adoptiere ich einen Hund.[1] Es ist Zeit, Erbarmen zu zeigen, im Kleinen, im Kleinsten. Gandhi hat gesagt, dass die Größe und der moralische Fortschritt einer Nation daran gemessen werden können, wie sie die Tiere behandelt. Ob ich nach Größe strebe, weiß ich nicht. Hier ist, was ich weiß: Wenn Gott existiert, will sie, dass ich gut zu Tieren bin. Diese Freundlichkeit zur Tierwelt beginnt in meiner eigenen Küche. Seit gut zwei Wochen verzichte ich also auf tierische Produkte, aber gemessen an meiner Selbstgerechtigkeit könnte ich auch ausschließlich von selbst angebautem Staudensellerie leben. Neulich habe ich mich erwischt, wie ich mit den Augen gerollt habe, als jemand mit einem Burger an mir vorbeigelaufen ist. Mein letzter Burger ist achtzehn Tage her. Gestern hat mich eine meiner Mitbewohnerinnen

---

1 *Ich überarbeite diesen Text einige Tage nach den Anschlägen auf Brüssel. Was ist los mit dieser Welt?*
Ich kenne genug wundervolle Moslems, um Islam nicht mit Terrorismus zu verwechseln. Trotzdem drängt sich die Frage auf, ob unsere heutige Welt ohne Religion nicht besser aufgehoben wäre. Ich habe keine Antwort. Auch Gott schweigt.

gefragt, ob ich Fisch esse, woraufhin ich lauter als nötig gesagt habe: »Nein, denn ich, ich bin Vegetarierin. Vielleicht sogar Veganerin.« Meine Arroganz mag nicht ganz in Gottes Sinn sein, aber manchmal heiligt der Zweck die Mittel, und der Zweck ist, gut zu Tieren zu sein. Mein aktueller Lieblingstheologe, der Katholik Rainer Hagencord, schreibt in seinem Buch *Die Würde der Tiere*, dass die Bibel über den Sündenfall der Tiere schweigt: »Da sie aber nicht von ihrem Sündenfall spricht, ist der Gedanke, dass sie noch immer dort sind, nicht abwegig. Wenn die Tiere also noch im Garten Eden sind, bedeutet das, sie sind noch in der unmittelbaren Gemeinschaft mit Gott.« Wenn ich die Tiere in meinem Leben beobachte, verstehe ich Hagencords Gedanken.

Erbarmen im Kleinsten hat mich auch zu Ari geführt, dem wunderbaren schwarzen Labradormischling, der neben mir auf dem Küchensofa schläft, während ich diese Zeilen tippe. Ari, hebräisch für Löwe (und anscheinend albanisch für Gold), lässt Dankbarkeit, Hoffnung und Freude leicht aussehen und erinnert mich daran, worauf es ankommt in dieser Welt: auf lange Spaziergänge im Grünen, auf etwas Leckeres zum Essen, auf das Beisammensein und darauf, meinem Hund den Bauch zu kraulen. Das scheint mir wie ein gutes Rezept für Hoffnung: spazieren, essen, Raum teilen, kuscheln, präsent sein – und keine Tiere essen. Diese Routine wird weder den Islamischen Staat noch das Patriarchat in die Knie zwingen, aber immerhin sorgt sie dafür, dass ich in meinem Leben nicht unnötig zur Grausamkeit beitrage.

Vegetarierin zu sein, scheint mir sinnvoll, unabhängig von Religion oder Staatsangehörigkeit. Weil ich jedoch, und nur Gott selbst weiß warum, an den abrahamitischen Gott glauben möchte, weil ich trotz allem möchte, dass dieser Gott mir etwas über mein Leben sagen kann, mich trösten, mich bereichern, mir Bedeutung schenken kann, möchte ich wissen, was die Bibel zum Thema »Tiere essen« sagt. Adam und Eva lebten im Garten Eden von Früchten, waren also Veganer. Gott sagte zu ihnen: *Ich gab euch Kräuter, jegliche Pflanzen und sämtliche Früchte der Bäume; all das soll euch gehören.* Pflanzen gehören uns Menschen, Tiere und tierische Produkte nicht. Sagt Gott nicht unmissverständlich, wie er sich seinen idealen Zustand der Welt vorstellt? Erst nach der Sintflut und dem Bundesschluss erlaubt Gott den Menschen Tierkonsum, aber Gott warnt sie: *Furcht und Schrecken vor euch sei über allen Tieren auf Erden und über allen Vögeln unter dem Himmel, über allem, was auf dem Erdboden wimmelt, und über allen Fischen im Meer; in eure Hände seien sie gegeben.* Das klingt in meinen Ohren eher nach Resignation als nach Umkehr. Gott akzeptiert, dass der Mensch fehlerhaft ist, und deswegen darf er Tiere essen, aber sollten sich gläubige Juden und Christen nicht eher an der Paradiesversion von Gottes Leben auf Erden orientieren? Ich frage mich, warum nicht mehr Juden und Christen Veganer sind.

Aber wird nicht in der Bibel ständig Fleisch gegessen? Werden im Alten Testament nicht Tiere aufgelistet, die gegessen werden dürfen? Opfert Abraham nicht ein Lamm?

Ich lese die *Laudatio Si* von Papst Franziskus, ich suche nach Hinweisen im Neuen Testament, ich schlage die Tora auf, aber ich werde nicht fündig. Wenn nicht einmal Gottes Worte und der Papst weiterwissen, muss eben das Internet befragt werden. Wenn man »Bibel Tiere essen« googelt, findet man unter den ersten Ergebnissen »Jesus war kein Vegetarier« und »Paulus wäre heute Vegetarier«. Eine Webseite mit dem bescheidenen Namen »Jesus-im-Klartext« antwortet auf die Frage »Was dürfen Christen essen?« einfach mit: alles. Andere Webseiten legen Ausnahmen für Blutwurst, Schwein oder besonders grausame Dinge wie Stopfleber fest, wieder andere verfechten Veganismus. Wie bei vielen wichtigen Fragen – Homosexualität, Kommunismus, gemischte Stoffe (vgl. Dtn 22,11) – scheint die Bibel auch beim Thema »Tiere essen« genau das zu bestätigen, was man bestätigt sehen will.

Mir bleibt also nichts anderes übrig, als mich auf mein eigenes Gefühl zu verlassen, und das ist glücklicherweise eindeutig. Moderne Massentierhaltung kann Gott nicht gemeint haben, wenn er in der Genesis vom Bebauen, Bewahren und Hüten der Erde spricht. Wir haben in den letzten Jahrhunderten ganze Arbeit beim Bebauen geleistet. Vielleicht ist es jetzt Zeit, sich ums Bewahren zu kümmern.

Ari hilft mir dabei, mich trotz des Geruchs von frisch gebratenem Speck an einem Sonntagmorgen für Gandhi zu entscheiden. Seine treuen Tieraugen erinnern mich an Tiere, die da leblos in der Pfanne brutzeln, und helfen – meistens –, standhaft zu bleiben.

Für alle, die keine Zeit für ein eigenes Haustier haben – denn Gott weiß, ein Hund ist zeitintensiv –, habe ich einen kleinen Tipp, den ich dank meiner langtägigen Erfahrung als Vegetarierin mit Ihnen teilen möchte: Ich habe ein Bild von einem zuckersüßen Kalb als Bildschirmhintergrund meines Laptops eingestellt, und das hilft enorm. Ein Blick auf das Kalb (ich habe es Yussuf genannt, aber der Trick funktioniert bestimmt auch mit Berthold), und schon weiß ich wieder, warum ich keine Tiere essen will.

Also Gott, ich versuche keine Tiere zu essen und habe einem Hund ein Zuhause geschenkt. Das ist, was in meiner Macht steht. Wo bleibt dein Beitrag? In den Tagen nach den Anschlägen auf Paris haben zahlreiche Politiker, Künstler und Privatpersonen Bilder des Eifelturms mit der Aufschrift »Pray for Paris« auf Facebook, Twitter und Instagram gepostet. Als Reaktion darauf kursierte ein Bild in den sozialen Medien, auf dem steht, dass die Welt nicht mehr Gebete brauche und auch nicht noch mehr Religiosität. Ich verstehe den Impuls. Aber als jemand, der ab und an betet, möchte ich sagen: Ich bete nicht, weil ich denke, dass Gott daraufhin mit einem himmlischen Schlitten zur Erde fliegt und Isis auslöscht. Ich bete, weil es mein bescheidener Versuch ist, Anteil zu nehmen und die Last des Schmerzes zu einem kleinen Stück zu teilen.

Mir ist mittlerweile klar, dass ich an keinen Gott glauben kann, der die Shoah und Hungersnöte nicht verhindert hat, obwohl er gekonnt hätte. Ich möchte nichts wissen von einem Gott, der uns testen will oder uns die Freiheit gibt, einander in Konzentrationslager zu stecken. Mein Gott ist einer, der weinend nachts um drei auf dem Küchenboden zusammenbricht, wenn er ein Kind verhungern sieht. Ein Gott, der mit den Menschen in Paris, den Menschen in Beirut, den Menschen in Mogadischu schluchzt, weil er das Leid nicht fassen kann. Ein Gott, der die Fäuste zu sich selbst erhebt und versucht, die Wände seines himmlischen Reichs einzuschlagen, wenn wir hier leiden. Ein Gott, der liebt und Anteil nimmt. Ein Gott hingegen, der weise lächelnd über uns schwebt und sanft den Kopf schüttelt, während wir uns die Köpfe einschlagen, kann mir gestohlen bleiben. Nach einem Jahrzehnt Grübeln frage ich mich: Muss mein Gott allmächtig sein? Vielleicht bin ich ja zufrieden mit einem »gebrochenen Hallelujah«, um Leonard Cohen zu zitieren. Vielleicht reicht mir ja ein Gott der Liebe, ein Gott, der tut, was er kann. Vielleicht reicht mir ein Gott, der mich nach seinem Abbild erschaffen hat: fehlerhaft, idealistisch und endlos hoffnungsvoll.

Ich versuche, die Welt im Licht dieser neuen Idee zu sehen. Dieser allgütige, machtarme Gott und ich sind nun zusammen entsetzt über die jüngsten Anschläge in Paris. Uns bleibt die Luft weg im Anblick von all diesem Terror. Wir sind zusammen verzweifelt über die Situation im Irak, zusammen wütend über soziale Ungerechtigkeit, zusammen traurig über die zahlreichen Obdachlosen in der Essener Innenstadt, spenden zusammen und lesen zusammen all jene Nachrichten über Dinge, die nicht in unserer Hand liegen, um immerhin informiert zu sein. Vielleicht sind Gott und ich ja ein Team. Kein Team auf Augenhöhe, mehr so wie Batman und Robin. Wir tun zusammen, was wir können. Das heißt nicht, dass ich in jeder Minute mit Gott einverstanden sein muss, und es heißt auch nicht, dass wir auf jeden Fall über das Böse siegen werden. Es heißt lediglich, dass wir uns zusammen verpflichtet haben, unser Bestes zu geben. Vielleicht darf mein Glaube auch eine kritische Auseinandersetzung mit Gott sein. So wie ich es für die Pflicht eines guten Bürgers halte, kritisch zu sein, an die Demokratie zu glauben und gerade deswegen zu wollen, dass sie besser wird, so kann es doch auch die Aufgabe eines Gläubigen sein, seine Religion, den eigenen Glauben und vielleicht sogar Gott selbst zu besserem Verhalten anhalten zu wollen.

Die evangelische Theologin Dorothea Sölle sagte einst: »Beten ist Revolte. Wer betet, sagt nicht: ‚So ist es und Amen!‘ Er sagt: ‚So ist es! Und so soll es nicht sein! Und das und das soll geändert werden!‘ Beten ist eine intensive Vorbereitung auf das Leben.« Mit dieser Idee kann ich mich anfreunden. Ob mein neuer, allgütiger, manchmal impotenter, aber immer präsenter Gott dann noch der christliche sein kann, weiß ich nicht. Aber immerhin ist es nun ein Gott, den ich auch an Tagen wie heute als meinen Gott akzeptieren kann.

Jesus Christ Superstar
Kopfsalat

Meine albanische Freundin Helga spricht in Momenten großer Verwirrung von Kopfsalat. Ich habe auch einen Kopfsalat, wenn es um mich und Gott geht. Nachdem ich mich vorerst damit abgefunden habe, dass eine Beziehung zu Max und das Judentum schwer zu vereinbaren sind, denke ich nun über das Christentum nach. Der Vorteil wäre, dass ich weder das Alte Testament noch Max aufgeben müsste und in der jüdischen Tradition bleiben könnte, ohne Jüdin zu werden. Der Nachteil ist, dass ich von der Dreifaltigkeit bis zur Erlösung von meinen Sünden kaum einen der zentralen Aspekte des Christentums verstehe. Das soll sich ändern. Während das Christentum bis vor kurzem gar nicht im Topf meiner religiösen Möglichkeiten mitschwamm, habe ich es nun herausgefischt und möchte versuchen, es verstehen und lieben zu lernen. Nach kurzer Überlegung wird mir klar, dass ich dabei um einen gewissen Tischler namens Jesus nicht herumkomme. So mache ich erst einmal meine Hausaufgaben und lese alles, was ich in die Finger kriegen kann. Gott sei Dank ist das Christentum eine Schriftreligion. Wäre ich auf mündliche Überlieferung oder einen Guru angewiesen, müsste ich auf Religion verzichten.

Wie bei meinem ersten CD-Player, blonden Strähnchen und Tattoos springe ich auch beim Christentum erst auf den Zug auf, nachdem er schon kurz vorm Abstellgleis ist. Denn Christsein bringt mir keine gesellschaftliche Anerkennung, ist für kaum einen Job von Vorteil und ist auch sonst das Gegenteil von cool. In meiner Peter-Pan-Generation ist für Religion, Sinnsuche und vor allem Gott wenig Platz. Wenn ich Christin werden sollte, dann nur aus unironischen und unhippen Gründen. Um meine Coolness mache ich mir wenig Sorgen – der Dampfer ist abgefahren, als ich mich in der dritten Klasse der Grundschule freiwillig gemeldet habe, um die Weihnachtsgedichte vorzutragen. Worum ich mir Sorgen mache, sind Wahrheit und Auferstehung und viele andere Dinge ohne klare Antwort. Wie mein Weg zu Gott (vielleicht sogar zu Jesus) von hier an aussehen könnte, weiß ich nicht. Was ich weiß: Ich möchte keine Religion, die ein Trostpreis ist, sondern eine, in der ich mich zu Hause fühle. Und ich hoffe, das Christentum zu diesem Zuhause machen zu können. Ein paar Fragen, die ich mir gerne beantworten würde: Was hat dieser Jesus mit mir zu tun? Und wer ist er überhaupt? Und wie kann er Mensch und Gott gleichzeitig sein? Und hatten wir uns nicht eigentlich alle geeinigt, gegen Menschenopfer zu sein? Oder handelt es sich um ein Gottesopfer? Und wie kann ich ihn lieben? Ich werde mich wohl an den Gedanken gewöhnen müssen, noch eine ganze Weile mit meinem Kopfsalat zu leben.

Ich tue mich viel, viel schwerer mit Jesus als mit dem Judentum und dem Alten Testament. Der nette weiße Gottessohn, der sanft lächelnd zu den Menschen spricht und sich dann selbst für unsere Sünden opfert, irritiert mich. Manchmal bin ich fassungslos, wie Millionen Menschen Jesu Göttlichkeit in Menschengestalt, seine Liebe, seine Vergebung unserer Sünden, seine bescheidene Existenz als Teil der Dreifaltigkeit annehmen können, ohne am Knoten in ihrem Kopf zu zerbrechen. Stelle ich mich ein bisschen dumm an oder ist all das unfassbar komplex und sehr schwer zu greifen und nichts, was sich mit ein wenig Beten und Hoffen lösen lässt? Oder mache ich mir, wie es so meine Art ist, einfach zu viele Gedanken, und viele andere Christen sind besser darin, die Dinge so zu nehmen, wie ihr Glaube es ihnen vorgibt?

Ich versuche, das Problem ein bisschen strukturiert anzugehen. Meine drei größten Knackpunkte mit diesem Herrn aus Nazareth sind a) seine Idee, dass ich meine Feinde zu lieben habe, b) seine etwas selbstgerechte Art, mir, ein paar tausend Jahre vor meiner Geburt, meine Sünden zu vergeben, und c) der Anspruch, dass ich eine Beziehung zu einem Mann haben soll, den ich nicht kennenlernen kann. Zunächst will ich jedoch über die Taufe als Beginn des christlichen Lebens nachdenken.

Jesus Christ Superstar
Babies for Jesus

Liebe Protestanten, etwas in mir denkt, dass ich mir das Christsein erarbeiten muss. Dass ich erst beitreten darf, wenn ich Veganerin, Umweltaktivistin und Gutmensch bin, dass ich mehrere Jesus-Biografien gelesen haben muss und ein Verständnis christlicher Rituale und Bräuche brauche, bevor ich dabei sein darf.

Vor einigen Jahren habe ich mich mit einem Bekannten unterhalten, der Mitglied einer großen deutschen Partei ist. Nachdem ich ihm erklärt hatte, dass ich nicht gut genug informiert bin, um jemals einer Partei beizutreten, antwortete er: »Man darf auch beitreten und danach ganz viel lernen.« Gilt das auch fürs Christentum? Darf ich Christ werden, ohne die wichtigsten Dinge verstanden zu haben? Falls ich Jesus kennenlernen und ihn mögen würde, ihn vielleicht sogar als Person Gottes akzeptieren könnte, dann würde ich mich vermutlich taufen lassen. Aber dabei geht es nicht nur um mich. Ich möchte im nächsten Jahrzehnt Mutter werden, und somit ist meine heutige Entscheidung auch eine für meine zukünftigen Kinder.

Kleiner Einschub: Ich wäre gerne die Art Frau, die locker ihr eigenes Ding macht, und wenn dabei eine Ehe und Babys rauskommen, ist das cool, und wenn nicht, ist das auch cool. Leider ist »cool« nicht meine Stärke, und deswegen – um die Alpträume aller Männer Mitte zwanzig zu bestätigen – hatte ich spätestens nach einem Jahr mit Max die Namen unserer ersten Kinder festgelegt (Ben und Naomi, falls es jemanden interessiert). Ich habe die Möglichkeit, für mich bewusst Ja zu Gott zu sagen. Aber möchte ich, dass Ben und Naomi, mit ihren dunklen Locken auf ihren erschreckend großen Köpfen, durch ihre Taufe das Sterben und die Auferstehung Jesu akzeptieren? Vielleicht bin ich bis hierhin nur einfältigen Säuglingen begegnet, aber alle Babys, die ich kenne, haben nur eine stümperhafte Vorstellung vom Tod. Und dies möchte ich nicht ändern. Meine Kinder sollen bitte erst einmal nichts über Kreuzigung als Erlösung lernen. Dies sind Themen, mit denen Erwachsene sich beschäftigen und die Kinder nicht zu beunruhigen haben. Meine künftigen Babys sollen nicht mit Christus im Tod begraben sein. Ich habe nur eine sehr ungenaue Vorstellung, was das überhaupt bedeuten soll, und meine Kinder sollen bitte gar keine Vorstellung haben. Ich möchte, dass sie über Sterne und Tiere nachdenken und darüber, ob mein Vater, ihr Opa Mustafa, wirklich ein Zauberer ist oder nur so tut als ob.

Schon kleine Kinder zu taufen, ergibt nur Sinn, wenn man a) glaubt, dass auch kleine Kinder Sünde tragen, von der sie wortwörtlich reingewaschen werden müssen, und b) dass die Taufe Erlösung von den Sünden nicht nur versinnbildlicht, sondern erst ermöglicht. Der Kirchenvater Augustinus, von dem ich ohnehin kein großer Fan bin, scheint beides zu bejahen und fand es sogar günstig, dass der Glaube der Taufe folgen muss, weil kleine Kinder nicht zu sündhaften Gedanken fähig sind und sich der Taufe somit nicht gedanklich widersetzen können.

Ich kann beinahe fühlen, wie Christopher Hitchens – mein favorisierter Atheist – sich im Grab aufrichtet, wenn er so etwas liest, und ein letztes Mal wütend die Faust hebt. Alles, was mich am Bild der Lämmer, die blöd blökend ihrem Gott folgen, stört, scheint durch Augustinus bestätigt. Will ich wirklich in einer Tradition stehen, die die Schutzlosigkeit von Kleinkindern nutzt, um ihnen einen Glauben aufzuzwingen, gegen den sie sich noch nicht wehren können?

Heutzutage taufen die meisten Protestanten ihre Kleinkinder vermutlich, weil sie wollen, dass das Kind als Mitglied der Gemeinde heranwächst, aber ist dafür wirklich eine Taufe nötig? Reicht es nicht, als Mitglied der Gemeinde aufzuwachsen und sich dann im frühen Jugendalter bewusst für Gott zu entscheiden und sich vor der Konfirmation taufen zu lassen? Oder sind unsere Volkskirchen so unsicher und fühlen sich so bedroht, dass man schon Babys verpflichten muss, um sie frühzeitig zu binden? Ist eine Konfirmation, in der sich ein selbstständig denkender 14-Jähriger zu seinem Glauben bekennt, nicht viel wertvoller? Kann ich einer der Volkskirchen angehören *und* ein Verfechter der Erwachsenentaufe sein?

Wie immer auf dieser Reise habe ich mehr Fragen als Antworten.

Feindesliebe

Wenn ich auf Knopfdruck eine meiner Eigenschaften ändern könnte, wäre es die, nicht ganz so scheu zu sein. Verstehen Sie mich nicht falsch: Ich gehöre zu den höflichsten Menschen, die ich kenne, aber meine Kapazität, Zeit mit anderen Menschen zu verbringen, ist begrenzt. Leider wird Gemeinschaft in den Weltreligionen großgeschrieben und westlicher Individualismus, den ich perfektioniert habe, eher klein.

Da Religiosität ohne Gemeinschaft, und womöglich Gemeinde, aber nur schlecht funktioniert, sehe ich mich gezwungen, etwas an meiner Einstellung zu anderen Menschen zu ändern, und fange direkt bei der Königsdisziplin der Nächstenliebe an: beim Lieben meiner Feinde. Im Matthäus-Evangelium heißt es: *Ich aber sage euch: Liebet eure Feinde; segnet, die euch fluchen; tut wohl denen, die euch hassen; bittet für die, so euch beleidigen und verfolgen.*

Wenn ich Gott beweisen will, dass es mir gelingt, meinen Feind zu lieben, muss ich nicht lange nach einem suchen. Der einzige Mensch, der in meinem Leben als Feind infrage kommt, heißt Sternchen. Sternchen ist obdachlos, hat ein umgedrehtes Kreuz auf die Stirn tätowiert und trägt schulterlanges, fettiges Haar. Das alles macht ihn grundsätzlich zu einem Objekt meines Mitleids und missverstandenen Helfersyndroms. Was Sternchen zu meinem Feind macht, ist folgender Vorfall: Vor einigen Jahren habe ich ahnungslos in der Innenstadt gekellnert und gerade ein paar Cappuccino-Tassen auf der Terrasse eingesammelt, als Sternchen aus dem Nichts erschien und wutentbrannt einen gusseisernen Stuhl auf mich schmiss. Aber diese Episode, die zu einigen Panikattacken meinerseits geführt hat, soll meiner Nächstenliebe nicht mehr im Wege stehen.

Sternchen, der mich täglich anrülpst und um einen Euro bittet, torkelt gerade über den Platz vor meiner Haustür. Ich atme aus, setze mein bestes Lächeln auf und laufe mutig auf ihn zu. Just in dem Moment entdeckt Sternchen auf der anderen Seite des Platzes eine alte Bekannte. »Du Schlampe, morgen Nacht schneide ich dir mit einem rostigen Messer die Kehle durch«, schreit er mit erhobenen Fäusten (Sternchen nimmt seine Rolle als Klischee-Bösewicht sehr ernst). Ich erstarre, und während Sternchen wütend wegwankt, kommt mir ein revolutionärer, wenn auch unchristlicher Gedanke: Vielleicht ist Sternchen aus gutem Grund mein Feind? Vielleicht liegt es nicht an Sucht und Obdachlosigkeit, vielleicht ist Sternchen einfach ein Arschloch, um es klar und deutlich zu sagen? Ich ziehe mich geschlagen zurück. Vielleicht war es ein bisschen viel von mir verlangt, direkt bei Sternchen anzufangen. Vielleicht fange ich lieber bei Feinden an, die mich nie mit etwas Gusseisernem beworfen haben.

Auf meinen nächsten potenziellen Feind muss ich nicht warten. Gestern in der Hundeschule – Ari ist ein Rüpel und muss an seinem Sozialverhalten arbeiten – tapste ein grauer Staffordshire Terrier auf mich zu und hinter ihm her sein Herrchen: ein glatzköpfiger Mann mit Thor-Steinar-Pulli. Falls Sie mit der Neonazi-Subkultur unvertraut sind, lassen Sie mich versichern, dass ein Thor-Steinar-Pulli kein Versehen ist, kein Wird-man-wohl-noch-mal-sagen-dürfen-Ausrutscher, sondern eine Entscheidung. Ein Thor-Steinar-Pulli-Träger will sagen: Ich bin rechts und ich steh dazu und finde es völlig okay, wenn auch du das weißt. »Hallo«, grüße ich freundlich. Normalerweise wäre ich nun wütend auf mich und meine Freundlichkeit, die an Selbstverleumdung grenzt – einmal habe ich mir beim Einpacken meiner Einkäufe eine Tüte Chips von einer fünf-Jährigen klauen lassen und es nicht geschafft, den Mund aufzumachen. Max musste daraufhin fassungslos auf seine konfliktscheue Freundin warten, während ich mich mit einer neuen Tüte Chips noch einmal angestellt habe.

Aber heute soll mir diese fragwürdige Eigenschaft zugutekommen, denn ich, ich liebe meinen Feind. Der Neonazi und ich unterhalten uns über den Staffordshire, ich erzähle von Ari und davon, wie schwer es schwarze Hunde haben, adoptiert zu werden (meine Lieblingsattacke: so subtil, dass sie keiner außer mir mitbekommt). Als Mr. Nazipulli sich schließlich umdreht, um zu gehen, raune ich: »Ich segne dich.« – »Was?«, fragt er und blickt mich ungläubig an. »Nichts«, antworte ich, »bis nächste Woche.« Entgegen meiner Hoffnung fühle ich mich nicht großherzig, offen und beseelt, sondern schmutzig, feige und unzufrieden. Ist es wirklich in Gottes Sinne, dass ich Rechtsextreme liebe? Und wenn ja: Heißt lieben vielleicht eher konfrontieren als segnen? Aber wie soll er sich geliebt fühlen, wenn ich ihn als Nazi beschimpfe? Oder geht es bei der Liebe vielleicht mehr um meine Art, durch die Welt zu gehen, als um seine?

Zu Hause schaue ich den letzten Teil einer beeindruckenden BBC-Reihe über Auschwitz und denke den Rest des Abends über Nazis und Gott nach. Neben der offensichtlichen, nicht zu lösenden und monumentalen Theodizeefrage stelle ich mir eine weitere: Soll ich wirklich meine Feinde lieben? Ist es möglich, sadistische SS-Oberbefehlshaber zu lieben? Ist es moralisch? Wo wären wir, wenn die Alliierten Hitler geliebt hätten? Wenn sie ihm die andere Wange hingehalten hätten?

Wie so oft im Christentum habe ich den Verdacht, dass Gott uns erst mangelhaft kreiert hat und uns dann das Unmögliche abverlangt. In der Dokureihe spricht ein ehemaliger deutscher Soldat, nun ein alter Mann, ohne jedes Zeichen von Reue von seinen Kriegsverbrechen, die er auch im Rückblick noch gänzlich richtig findet. Ich will niemanden lieben, der es für moralisch, rechtlich und menschlich gerechtfertigt hält, ein ganzes Dorf polnischer Juden zu erschießen. Darf ich ein religiöser Mensch sein und trotzdem entscheiden, dass manche Menschen mein Mitgefühl nicht verdient haben? Ich ziehe mich moralisch erschöpft zurück und liebe in Zukunft wieder verwaiste Hunde und Menschen, die mich nicht beleidigen oder verprügeln wollen.

Jesus Christ Superstar

Jesus Christ Superstar
Ein Schiff,
das sich Gemeinde nennt

Vor einigen Wochen war ich auf einer wundervollen protestantischen Hochzeit in einem Dorf im Schwarzwald. Die Braut trug ein bezauberndes weißes Kleid, es gab Blumenmädchen in pinker Seide und eine Kirche voller weinender Angehöriger. Insbesondere mich, die als Gast vom Gast dabei war und trotzdem Tränen vergossen hat, als würde meine eigene Tochter zum Altar geführt werden. Es gab gutes Essen, sehr viel Weißwein und es wurde bis vier Uhr morgens getanzt. Alles in allem ein gelungener Tag! Aber zurück zur Kirche. Der Pfarrer, ein netter runder Mann Anfang fünfzig, war sich augenscheinlich bewusst, mit welcher Art Hochzeitsgemeinschaft er es zu tun hatte. Gott war in seiner Predigt ein Vorschlag und keinesfalls zwingend notwendig. Er sprach über die Liebe des Brautpaares zueinander und fügte fast entschuldigend hinzu, dass es sich ja eventuell auch um Gottes Liebe handeln könnte.

Wenn ein Pfarrer in einem kleinen Dorf im Schwarzwald nicht mehr auf Gläubige hoffen kann, auf welche Art Gemeinde hoffe ich dann in einer Großstadt im Ruhrgebiet? Ich erinnere mich dunkel daran, wie vor zirka zwölf Jahren auf Sarahs Konfirmation etwas über ein Schiff namens Gemeinde gesagt oder gesungen wurde. Mir scheint es eher, als wäre es ein Rettungsboot, auf dem ein paar Hängengebliebene ums Überleben kämpfen, während die »Gemeinde« längst unter anderer Flagge weiterschipperte.

Vielleicht bin ich ein paar Jahrzehnte zu spät dran, um auf echte religiöse Gemeinschaft zu hoffen? Vielleicht sind meine Freunde und meine Familie meine Gemeinde, und ich bin diejenige, die beinahe entschuldigend versucht, Gott ins Spiel zu bringen? Und wofür brauche ich überhaupt eine Gemeinde? Gerade ich, die Menschenmengen scheut, was will ich mit einer Gemeinde?

Ich glaube, es hat mit dem Bedürfnis zu tun, mit einer großen Menge an Menschen spirituell verbunden zu sein, zu wissen, dass man einen gemeinsamen Nenner hat, der wichtig ist und der über den Nenner hinausgeht, den ich in einer Tanzschule, in einem Buchclub oder bei einem John-Legend-Konzert finden könnte. Durch Gott verbunden zu sein, ist nur schwer zu toppen. Vor allem geht es mir darum, nicht alleine zu glauben. Es geht um die Hoffnung, eine Religiosität zu finden, die sich nicht nur um mich dreht.

Als Lesezeichen nutze ich zurzeit eine Kartei-karte, auf die ich geschrieben habe: »Liebe Lisa, die Menschheit dreht sich zu ca. einem Siebenmilliardenstel um dich.« Trotzdem verbringe ich viel Zeit damit, über Gott und mich, unsere Beziehung, mein Gottesverständnis und ganz allgemein über mich, mich, mich nachzudenken. Ich habe alles von Meditation (still sitzen und atmen) bis Qigong (langsam bewegen und atmen) ausprobiert, aber letztendlich nehme ich mich in meiner spirituellen Suche immer noch extrem wichtig. Als würde diese kleine Nachwuchsreligion, die sich Christentum nennt, mit meinen Überzeugungen stehen und fallen. Als könnten diese aufstrebenden Abspalter des Judentums einpacken, wenn ich nicht mit ganzem Herzen an die Auferstehung glaube.

Dann habe ich ein Interview mit Nadia Bolz-Weber, einer Pastorin aus Denver, gesehen und hatte einen Aha-Moment. Bolz-Weber sagt, dass Glauben nicht jedem Einzelnen in ausreichender Menge gegeben ist, wohl aber einer Gruppen von Menschen in ausreichender Menge. Vielleicht brauche ich eine Gemeinde, damit ich meinen Glauben nicht alleine tragen und verstehen muss. Vielleicht können Sie für mich daran glauben, dass sich das Meer für die Israeliten geteilt hat, und Sie da drüben können die Sache mit dem heiligen Geist für mich verstehen? Und ich übernehme dafür die erste Schöpfungsgeschichte. Und *zusammen* sind wir dann Christen. Es geht um uns, uns, uns. Ich sitze still und atme aus.

Ein wenig Gotteslästerung zu Beginn: Ist Jesus ein Halbgott? Wie Herkules oder Achilles mit einem Elternteil Gott und einem Elternteil Mensch? Das fände ich einleuchtend. Wenn ich beispielsweise einen persischen Vater und eine deutsche Mutter hätte, wäre ich dann nicht folglich weniger persisch als mein Vater?

Aber die Christen, so vielfältig sie auch sein mögen, scheinen sich einig, dass Jesus ganz Gott und ganz Mensch ist. Ist es also eher wie mit einem dominanten Gen, das sich in Jesu Fall durchgesetzt hat, so dass Jesus ganz Gott sein kann? So wie bei meiner dunkelhaarigen Tante Amal, die mit ihrem rothaarigen Mann rothaarige Töchter bekommen hat? Aber wie soll Jesus dann ganz Mensch sein? Oder gehe ich das alles falsch an und es geht viel weniger darum, die völlig menschliche Göttlichkeit von Jesus zu verstehen, und viel mehr um Gefühle? Sollte die Beziehung, die ich zu Jesus habe, Aufschluss über seine Natur geben können?

Was kann ich also von einer Beziehung zu dir, Jesus, erwarten? Eine Beziehung wie zu anderen Menschen? Wie zu anderen Göttern? Was können wir sein? Nonnen heiraten dich, Rapper tätowieren sich dich auf die Brust, Staatsoberhäupter und Hausfrauen hängen dich an die Wand. All das mach ich mit meinen Freunden nicht. Ich erwarte etwas Feines, Echtes, Großes. Als ich das erste Mal Virginia Woolfs *Mrs. Dalloway* las, war ich eigentlich viel zu jung und mein Englisch zu schlecht, um den Text zu verstehen. Trotzdem musste ich mir manche Passagen immer wieder vorlesen, sie in mich aufsagen, bis ich etwas verstand, was über das dort tatsächlich Geschriebene hinausging. Ich hatte eine echte, tiefe Erfahrung mit folgenden Worten, ohne viel zu verstehen.

For Heaven only knows why one
Loves it so, how one sees it so, making it up,
building it round one, tumbling it, creating
it every moment afresh – but the veriest frumps,
the most dejected of miseries sitting on doorsteps
(drink their downfall) do the same; can't be
dealt with, she felt positive, by Acts of Parliament
for that very reason: they love life.
   In people's eyes, in the swing, tramp and trudge;
in the bellow and the uproar; the carriages,
motor cars, omnibuses, vans, sandwich men
shuffling and swinging; brass bands; barrel organs;
in the triumph and the jingle and the strange
high singing of some aeroplane overhead was what
she loved; life; London; this moment of June.

Was ich erlebte, war echt. Etwas geschah, das größer war als Rhythmus und Klang und Pausen und Silben. Und für einen Moment spürte ich die Anwesenheit einer depressiven, komplizierten, wundervollen Britin, die gestorben ist, lange bevor ich geboren wurde. So etwas Ähnliches erwarte ich von Jesus.

Vielleicht ist es nicht besonders klug, aber Wahrheit und Fakten sind nicht mein Anspruch an dich, sondern Authentizität und echte, tiefe Verbundenheit. Deswegen ist der Konflikt zwischen Naturwissenschaft und Religion für mich auch kaum ein Thema. Ich erwarte von meinem Gott und meiner Religion nicht, dass sie mir erklären, wie der Regenbogen entsteht oder was es mit einem Gewitter auf sich hat. Für mich darf ein Regenschauer eine göttliche Form der Reinwaschung sein, aus der ich neugeboren hervorgehe. Wenn ich etwas über Wasser in Wolken lernen will, befrage ich nicht Gott, sondern die Meteorologen. War es Fitzgerald, der gesagt hat, dass es ein Zeichen menschlicher Intelligenz ist, mehrere sich widersprechende Ideen im Kopf zu haben, ohne verrückt zu werden?

Also Jesus, du gänzlich göttlicher Mensch, wie soll das mit uns aussehen? Was ist der erste Schritt? Es widerstrebt mir gänzlich, einen Menschen anzubeten – wobei ich möglicherweise bei Angelina Jolie und Zadie Smith eine Ausnahme machen würde. Um dich als etwas Höheres akzeptieren zu können, musst du also ein Gott für mich sein. Aber wie lernt man einen Gott besser kennen? Vielleicht müssen wir erstmal mehr Zeit miteinander verbringen?

Ich hänge ein Foto von Jesus an den Badezimmerspiegel – ist es Blasphemie, Jesus übers Klo zu hängen, oder ist es genau die Bodenhaftung, die er braucht, um Teil meines Alltags zu werden? Wie dem auch sei: Seit einigen Tagen nun lächelt mich Jesus beim Zähneputzen an, grinst sanft wie eine göttliche Mona Lisa, während ich fragwürdige True-Crime-Bücher in der Badewanne lese und dabei fragwürdige Mengen Weißwein trinke. Er lächelt immer noch, wenn ich mir sorgfältig einen schwarzen Lidstrich ziehe, anstatt mein gottgegebenes Gesicht so zu akzeptieren, wie es erschaffen wurde.

Ich starre zurück in seine blauen Augen, als würde ich in dem drittklassigen Gemälde mit dem Bild eines verstorbenen Wanderpredigers etwas über meine Beziehung zu Gott erfahren können. Und ganz nebenbei: Die blauen Augen sind höchst unwahrscheinlich, oder? Würde Jesus nicht mehr wie heutige Palästinenser und weniger wie heutige holländische Heilprediger aussehen? Ich starre und starre auf die Pixel, er hört nicht auf zu lächeln, und meine Verzweiflung weicht so etwas wie Wut. An dich soll ich glauben? Kommt es dir nicht ein wenig seltsam vor, wenn eine emanzipierte, gebildete deutsch-arabische Frau im einundzwanzigsten Jahrhundert einen toten und aus unerfindlichen Gründen weißen Mann als ihren persönlichen Erretter anbetet?

Ich will ja glauben, möchte tiefer graben, bis ich an einen Punkt stoße, an dem ich an Jesus als Gott glauben kann. Stattdessen stoße ich auf einen Boden aus Granit und komme nicht weiter, komme nicht tiefer.

Jesus Christ Superstar
»A Mormon Just Believes«, Teil 1

Die Liste an Dingen, die sich in meinem Leben verbessern würden, wenn ich reich wäre, ist glücklicherweise kurz. Ganz oben auf der Liste steht: Ich könnte nach London oder New York fliegen und das »Book of Mormon«-Musical live sehen.

Meine Obsession für die Anhänger der Kirche Jesu Christi der Heiligen der Letzten Tage, besser bekannt als Mormonen, dauert nun schon einige Jahre an und zeigt keine Anzeichen von Milderung. Ich bin fasziniert von dieser amerikanischsten aller Religionen, mit ihren Missionaren, ihrem alkohol- und koffeinfreien Leben, ihrem Erfolg und ihrem Familienzusammenhalt.

Wann immer ich mich zu sehr wie eine gottlose Möchtegernkünstlerin fühle, schaue ich eines der Videos der »I'm a Mormon«-Kampagne an, mit der die Mormonen in den letzten Jahren versuchen, ihr Image als exklusive Sekte aufzubessern. Meine Lieblingsfilm ist der über eine britisch-persische Mutter, die beweist, dass man die Kultur der Mormonen sehr wohl mit anderen Kulturen verbinden kann, und in dem gezeigt wird, wie sie in ihrem geräumigen Haus ihren wunderschönen Kindern das persische

Alphabet beibringt. Außerdem gibt es da noch die Geschichte über eine Ex-Ballerina, die aus gesundheitlichen Gründen nicht mehr tanzen kann. Heute führt sie ein erfolgreiches Unternehmen, das hübsche, aber züchtige Kleidung herstellt.

Zu meinen absoluten Favoriten zählt auch das Video über die Sherinian-Familie aus Virginia, eine armenisch-amerikanische Familie mit drei Kindern. Beide Eltern arbeiten für Hilfsorganisationen in Washington, sind selbstverständlich immer noch extrem verliebt ineinander, und der Vater gibt wochentags vor der Arbeit eine Bibelstunde für Jugendliche. Denn alle Ämter in der Kirche, vom Priester bis zum Lehrer, sind ehrenamtlich, was bedeutet, dass die meisten Mormonen große Teile ihrer Freizeit in der Kirche verbringen.

Die Videos sollen Vielfalt zeigen, es werden Mormonen gezeigt, die Singles sind oder schwarz oder arbeitende Mütter. Wodurch sie jedoch wirklich auffallen, ist ihre optimistische Grundhaltung. Es sind saubere Menschen in fröhlichen Farben, und stets läuft alles auf ein Happy End hinaus. Falls auch Sie eine Vorliebe für Heile-Welt-Eskapismus haben, müssen Sie einfach »I'm a Mormon« bei Youtube eintippen und können sich ins Mormonenland wegbeamen, in dem alle Hürden überwunden werden und die Antwort immer Jesus ist.

Mir ist auch bewusst, was diese Videos auslassen. Dass es ein enormer Druck ist, fröhlich und konservativ und endlos engagiert zu sein, und Utah, der Mormonenstaat, eine der höchsten Raten an Pillenmissbrauch in Amerika hat. Dass die Kirche aktiv homophob ist und mit

Millionenspenden schwulenfeindliche Gesetze unterstützt, beispielsweise in Kalifornien. Dass die Geschichte der Mormonen bis in die 1970er Jahre rassistisch ist und die Führungsebene der Mormonen auch heutzutage aus weißen Männern besteht. Dass die Mormonen auf eine hartnäckige Tradition der Polygamie zurückblicken, die heute gerne totgeschwiegen wird. Dass die Kirche eine traditionelle Geschlechtertrennung befürwortet und Frauen, die dagegen aufbegehren, exkommuniziert. Kurz gesagt, die Mormonen haben ein paar kleine Probleme mit Homophobie, Intoleranz, Rassismus und Sexismus – die Klassiker also. Es ist nicht alles Gold, was glänzt. Aber als eingefleischter Fan von Falschgold liebe ich die Mormonen trotzdem und möchte mir meine Lieblingskirche nur ungern von der Realität kaputt machen lassen.

Ich habe eine junge Missionarin mal gefragt, was sie mit all den Konflikten, mit der schwierigen Geschichte, mit der politischen Haltung ihrer Kirche macht. Ihre Antwort: gar nichts. »Mein Hirn filtert Negativität.« So einfach. Die Mormonen sehen Glücklichsein als Gottesdienst an. Unnötig, über Kleinigkeiten wie Schwulenfeindlichkeit zu brüten, das ergibt in ihrem Universum keinen Sinn. Im Mormonen-Musical, wohlgemerkt von den Southpark-Erfindern erdacht, nicht von Mormonen, singt die Hauptfigur in einem Lied: »I am a Mormon, and a Mormon just believes.« Was als Parodie gemeint ist, klingt in meinem überforderten Kopf erstrebenswert. Aber wie lebt es sich mit einem Hirn, das Negativität filtert? Wie sieht ein Gemeindeleben von Menschen aus, die Glücklichsein als Gottesdienst ansehen?

An einem kühlen Herbstmorgen stehe ich mit meiner Mutter vor der »Kirche der Heiligen der Letzten Tage« in Düsseldorf, um mir die Mormonen in Aktion anzusehen. Unterwegs erzähle ich meiner Mutter etwas über die Mormonen und ihre Geschichte. Die Gründungsmythen der Mormonen sind augenscheinlich verrückt. Aber vermutlich sind sie auch nicht verrückter als die Geschichte von Jona, der eine Zeit lang in einem sehr großen Fisch lebte, oder Maria, eine unehelich schwangere Teenagerin, die die Welt überzeugte, dass es sich in Wirklichkeit um das Kind Gottes handele.

Meine Mutter ist als menschliches Schutzschild mitgekommen, als Knoblauchzopf, um mich vor dem Charme und der Freundlichkeit der Mormonen zu bewahren und mich ab und an daran zu erinnern, dass Mormonen glauben, alle guten Gläubigen bekämen nach dem Tod einen eigenen Planeten, auf dem sie dann Gott seien, und außerdem, dass der Garten Eden in Missouri war.

Eine Stunde später habe ich all das vergessen. Die Mormonen sind so freundlich, positiv und kinderlieb, wie ich sie mir vorgestellt habe. Kleinkinder krabbeln durch die Reihen, spielen mit Spielzeug und werden weder gemaßregelt noch aus dem Gottesdienst verbannt. Alle Anwesenden sind gut gekleidet und frisch gestriegelt. Neben uns sitzt eine atemberaubend schöne Schwedin mit ihrer Familie und verfolgt den Gottesdienst über ein Headset: Er wird für englischsprachige Mitglieder simultan übersetzt. Die Veranstaltung wirkt feierlich und informell zugleich. Verschiedene Gemeindemitglieder stehen auf und gehen zum Rednerpult, um Zeugnis abzulegen über ihre Beziehung zu Jesus, die klar und glücklich wirkt. Es ist ein Gottesdienst nach meinem Geschmack, der nach echter Zusammenkunft in Gottes Namen aussieht. Bald hörten wir einer sechsfachen Mutter zu, wie sie über die Rolle der Mutter spricht und über das Privileg, Kinder gebären zu dürfen. Sie erzählt von ihrem liebenden Vater und wie er sie gelehrt hat, sich nicht mit weniger Liebe zufriedenzugeben, als sie in der Ehe ihrer Eltern erlebt hat. Meine Mutter und ich – wir mussten unsere Kindheiten größtenteils ohne unsere liebenden Väter verbringen – haben Tränen in den Augen. Als dann Rosen an die anwesenden Mütter, so auch meine, verteilt werden, bin ich bereit, mich loszureißen und mich mit einem Köpper (Ruhrgebietsdeutsch für Kopfsprung) ins Taufbecken zu stürzen. »Sei stark. Denk daran, wie viel Arbeit so ein eigener Planet wäre«, flüstert meine Mutter mir zu und nimmt meine Hand. Nach dem Gottesdienst verschwinden wir schnell – ein gemeinsames Kaffeetrinken mit diesen freundlichen, offenen Menschen hätte ich nicht ausgehalten, ohne feierlich meine Konversion zu verkünden.

Denn so sehr ich es mir wünsche: Mein Hirn filtert Negativität nicht. Mein Hirn klammert sich an Probleme und brütet, bis es vor Erschöpfung nachts um drei Uhr einschläft. Ich fürchte, dass die Beziehung, die die Mormonen zu Jesus haben, ein wenig zu unkompliziert ist, als dass ich von ihnen lernen könnte. Was ich jedoch gelernt habe: wie ein Gemeindeleben nach meinem Geschmack aussehen kann. Ich mag nicht genau wissen, wer Jesus für mich ist, aber ich habe eine Vorstellung, was es heißen kann, in seinem Namen zusammenzukommen.

Jesus Christ Superstar
Sündenbock

Nach biblischer Erfindung ist ein Sündenbock ein Ziegenbock, auf den symbolisch die gesamten Sünden des Volkes Israel übertragen werden und der dann in die Wüste getrieben wird (vgl. 3. Mose 16,21 f.). Und so einfach waren die Israeliten zum Yom Kipppur ihre Sünden los.

Mit meinem westlichen Blick habe ich im einundzwanzigsten Jahrhundert einige Probleme mit dieser Idee. Einem Bock meine Sünden aufzuerlegen und ihn dann zu verstoßen, erscheint mir kindisch und unmoralisch. Es nimmt mir meine Verantwortlichkeit, die ich für meine Verfehlungen tragen sollte.

Es ist dem Bock gegenüber unfair, der vermutlich nicht durch moralische Entgleisungen aufgefallen ist. Es ist den Menschen gegenüber unfair, denen ich Unrecht getan habe. Und es hindert mich an ehrlicher Reflexion und innerem Wachstum. Zum Glück hat das Neue Testament die infantile Idee des Sündenbocks durch die hübsche Idee des Sündengotts ersetzt. Entweder verstehe ich schlichtweg nicht, worum es beim Christentum geht, oder Jesus, der sich meine Sünden auflädt und sich mit ihnen ans Kreuz hängt, ist Sündenbock 2.0.

Zu der moralischen Fragwürdigkeit dieser Erfindung komme ich gleich zurück. Erst einmal möchte ich festhalten, wie sehr dieses ungewünschte, nicht zurückzugebende Geschenk Jesu meine Beziehung zu ihm belastet. Denn »Ich habe mich für dich umbringen lassen« ist viel zu viel. Keine gesunde Beziehung kann so etwas aushalten. Beziehungen scheitern an viel weniger drastischen Zugeständnissen, und es ist mir ein Rätsel, wie ich eine echte Beziehung zu Jesus haben soll, kein bloßes einseitiges Anhimmeln, wenn er sich für mich *umgebracht* hat. Wie kann mein Beitrag im Vergleich aussehen? Ich werde nervös, wenn gute Freunde mir zum Geburtstag ein Buch schenken – ich kann den sozialen Druck des Beschenkens und Beschenktwerdens nicht aushalten. Wenn ich bei einem zwölf Euro teuren Roman ein nervöses Zucken im rechten Augenlid bekomme, wie soll ich dann auf ein Menschenopfer als Geschenk reagieren?

»Ich habe für dich gebetet und ein paar Wochen auf Fleisch und Süßigkeiten verzichtet!«

»Ganz toll, Lisa, ist ja rührend, dass du eine Weile ohne Lakritze auskommst. Ich habe mich für dich auf grausamste Weise umbringen lassen. Mir Nägel durch Hände und Füße schlagen lassen für deine Sünden.«

Lieber Jesus, ich habe ein paar Einwände. Zunächst einmal: Wer gibt dir das Recht, davon auszugehen, dass ich voll Sünde bin? Natürlich bin ich nicht perfekt, aber Sünde klingt ein bisschen harsch, wenn ich über mein Leben und Verhalten nachdenke. Es erscheint mir anmaßend von der Sündhaftigkeit aller Menschen auszugehen. Die meistens von uns sind meiner Erfahrung nach keine

Sünder, sondern schlichtweg menschlich. Außerdem, und ich möchte nicht zickig oder undankbar klingen, habe ich dich nie darum gebeten, dich für mich zu opfern. Wäre ich dabei gewesen, hoffe ich sehr, dass ich die Stärke und den Mut gehabt hätte einzugreifen, anstatt deinen grausamen Tod dankbar als Geschenk anzunehmen. Noch etwas: Hatten wir uns nicht alle geeinigt, dass Menschenopfer schlecht und unmoralisch und veraltet sind? Feiern nicht alle abrahamitischen Religionen, dass Isaak verschont bleibt und sein Vater Abraham ihn nicht umbringen muss? Warum feiern Christen dann auch, dass du stirbst? Wenn du, der auch ganz Mensch ist, für uns Sünder geopfert wirst, bist du dann kein Menschenopfer? Ist Mord als Geschenk nicht mehr gruselig als romantisch? Und selbst wenn du schlichtweg ein heißblütiger Orientale bist und ich zu deutsch, deine große Geste wertschätzen zu können: Ist es nicht grundlegend falsch, mir meine Sünden durch dich vergeben zu lassen? Wenn ich jemanden ermordet hätte, würde ich dann nicht auf Freunde hoffen, die mich im Gefängnis besuchen, mir beistehen, mit mir reden und mir ab und an Oliven und getrocknete Tomaten mitbringen? Wäre das nicht ein größerer Freundschaftsdienst, als sich für mich mit Benzin zu übergießen, mir meine Schuld zu nehmen und sich anzuzünden?

Falls du oder deine Anhänger diese Zeilen lesen, freue ich mich über Antworten. Denn diese arme Sünderin hier ist heillos überfordert.

Je mehr ich über Jesus und die Erfahrungen, die seine Anhänger mit ihm haben, lese, desto mehr habe ich den Verdacht, dass Jesus immer vor allem eine Reflexion der eigenen Werte ist.

Wie ein göttliches Zerrbild unserer selbst, ist er für Hippies ein Hippie, für Hardliner ein Hardliner, für Asketen ein Asket und so weiter. Mein Favorit ist ein erstaunlich unterhaltsames und beinahe überzeugendes Werk aus den 1920er Jahren von Bruce Fairchild Barton, einem amerikanischen Werbeexperten. In *The Man Nobody Knows* erklärt Barton, dass Jesus nicht der sanfte, ruhige Mann ist, der ihm in der Bibelstunde vorgestellt wurde, sondern der erste wahre CEO, der mit Fleiß, Energie und einer All-American-Einstellung eine der unumstritten erfolgreichsten Unternehmen der Welt gegründet hat. Jesus als der Steve Jobs seiner Zeit – wer hätte das gedacht?!

Jesus kann Prophet, Erneuerer, Traditionalist, Geschäftsmann, Antikapitalist, Anarchist, Vegetarier, Menschenopfer, Abtreibungsgegner, Feminist, Macho, aktiver Macher oder passives Lamm Gottes und so vieles mehr sein, je nach Lesart. Und vielleicht ist das auch gut so.

Ging es bei der Reformation nicht genau darum? Zu sagen: Das ist auch unsere Bibel, auch meine, und ihr habt kein Monopol darauf, ihre Lesart zu bestimmen? Ich mache mir die Welt, widdewidde wie sie mir gefällt. Oder wenn nicht die Welt, dann immerhin meinen Gott?

Meine favorisierte Version von Jesus hat nichts mit der sauberen Religion zu tun, die mir oft als Christentum begegnet. Mir scheint es im Wesentlichen um Tod, Leid, Akzeptanz von Tod und Leid und trotz all dem um die Hoffnung auf Auferstehung zu gehen. Dieser Christus scheint den Trinkern, Prostituierten, Kleinkriminellen und Ausgestoßenen mehr zu sagen zu haben, als den netten prüden Mädchen, die in der Innenstadt Flyer in seinem Namen verteilen.

Mir fällt es schwer, die düstere Hoffnung – die Taufe selbst ist ein Sterben – mit den militant höflichen Christen, die mir begegnen, in Verbindung zu bringen. Maria hielt ihren Sohn nach dessen Auferstehung auf den ersten Blick für einen Gärtner, weil er dreckig war. Weil das Christentum anscheinend nicht so sauber ist, wie es in Jahrhunderten christlicher Malerei dargestellt wurde, sondern Jesus dreckverschmiert ins Leben zurückkehrt, um anderen dreckverschmierten Menschen Hoffnung zu geben. Dieser Gott, der sich mit uns im Schlamm wälzt, um zu beweisen, dass man auch aus einem schlammverschmierten Leben ein bedeutungsvolles machen kann, dieser Gott kann vielleicht mein Gott sein. Der weiße, sanfte Mann, frisch gebadet und ewig lächelnd, kann es nicht.

Mein Jesus hat erfrischend wenig Interesse daran, was die Menschen von ihm halten. Er macht und sagt furchtlos, was er für richtig hält, und ist bereit, für seine Überzeugungen zu sterben. In anderen Worten: Er ist, was ich hoffe zu sein.

Was Menschen von mir denken, ist mir zu einem erschreckenden Maße wichtig. Meine Idee einer Mutprobe ist, zwanzig Minuten durch einen Supermarkt zu laufen und dann zu gehen. Selbstverständlich habe ich in meinem ganzen Leben nichts geklaut und mich nie auch nur in Versuchung gefühlt. Trotzdem ist der Gedanke, von einem Ladendetektiv angehalten oder auch nur von einer Kassiererin misstrauisch beäugt zu werden, unerträglich.

Jesus wäre so was egal. Er würde weise lächelnd etwas sagen wie: »Vielleicht zeigt dein Misstrauen, Herr Ladendedektiv, mehr über dich als über mich. Öffne deine Augen, lerne zu sehen.« Dann würde er mit starkem Schritt davonschreiten, nicht mit weichen Knien durch die Sicherheitsschranken huschen. Ich mag diesen Jesus, einen armen, braunen, weisen Mann. Aber macht ihn das zu Gott? Ich mag viele Menschen, die ich deswegen nicht als meine Erretter akzeptiere.

Was mache ich nun mit meinem Jesus? Nur, weil ich ihn mir so wünsche, ist er ja nicht echt. Und vor allem: Nur weil ich mir das wünsche, ist er ja nicht Gott. Je mehr ich selbst entscheide, wer er für mich ist, desto mehr drängt sich der Verdacht auf, dass wir Menschen unsere Götter machen, nicht unsere Götter uns.

Lot und die Ladys
Ava

An einem gewöhnlichen Donnerstag wie heute trage ich einen violetten Turban, ein T-Shirt mit Ethnomuster, einen bunten Schal, jede Menge falschen Goldschmuck und einen knielangen zu engen Rock. Da ich nebenberuflich Verkäuferin bin, aber hauptberuflich arme Möchtegernkünstlerin, sind die meisten meiner Anziehsachen in Wirklichkeit Sarahs Anziehsachen und deswegen ein paar Größen zu schmal. Meine Stilvorbilder sind Fran Fine (= die Nanny, falls Sie sich an diese 90er-Sitcom erinnern), Eva Mendes und Jennifer Lopez. Ich weiß nicht, wie es Ihnen geht, aber meine Klischeevorstellung einer guten Christin sieht anders aus.

Lassen Sie mich meine ideale Christin vorstellen. Ich präsentiere: Ava. Ava, die in meinem Kopf lebt, hat eine Frisur, die zeitintensiv aussieht, und ebensolche Nägel. Sie verlässt das Haus nicht ohne Lippenstift und ein wenig Rouge. Sie ist höflich, ausgeschlafen, quengelt nicht, beschwert sich nicht und strahlt stets Optimismus und Lebensfreude aus. Avas Haus ist lichtdurchflutet und vor allem sauber, es riecht nach frisch gebackenem Brot, das Bett ist gemacht, die Oberflächen sind staubfrei. Sie ist gebildet, belesen und witzig, ohne aufdringlich zu sein. Jeder, der ihr Haus betritt, fühlt sich willkommen. Ihre einladende, offene Art lässt noch den schlimmsten Zyniker an Liebe glauben und vielleicht sogar an Gott. Ava schreibt Dankeskarten, bäckt Torten und richtet Babypartys für ihre zahlreichen Freundinnen aus. Ava ist Julia Stiles in »Mona Lisas Lächeln« oder Betty Draper, bevor alles den Bach runtergeht. Oder Naomi Davis, eine Mormonin, deren Blog LoveTaza ich mit religiösem Eifer folge. Oder so, wie ich mir Reese Witherspoon im wahren Leben vorstelle – eine warmherzige, reine Südstaatenschönheit.

Und Ava glaubt an Gott. Auf eine unbefangene, selbstverständliche Art spürt sie Gott, der sie im Alltag begleitet und ihr in schweren Zeiten beisteht. Was für viele nach einer Frauen-von-Stepford-Dystopie klingen mag, klingt für mich erstrebenswert. Ava ist meine Superchristin. Sie ist die moderne Version der Frau aus den Sprüchen Salamos (Spr 31). Die dort beschriebene berühmte Ehefrau steht auf, bevor die Sonne aufgeht, liebt ihren Mann bedingungslos, hilft beim Broterwerb und ist vor allem freundlich und bescheiden. Ich schlafe gerne bis sieben, mache »meinem Mann« so häufig Kaffee wie er mir, habe vierzig Euro auf dem Konto und teile ständig unreflektierte Ideen mit Max. Max, der vorgibt die Liebe meines Lebens zu sein, hat mir heute vorgeschlagen, mich in meiner spirituellen Suche zu unterstützen, indem wir für den Rest des Tages »Schweigekloster« spielen.

Die biblische Dame aus den Sprüchen Salomos ist meiner Erfahrung nach auch die Verkörperung von Sexismus unter religiösem Deckmantel. Wenn man »Proverb 31

Woman« googelt, stößt man auf unzählige Blogposts, die helfen sollen, diese Frau zu werden, auf religiöse Fanatiker, die den Untergang der gehorsamen 1950er-Jahre-Hausfrau beweinen, und auf Frauen in meinem Alter, die ehrlich denken, dass diese selbstlose, engagierte Arbeitsmaschine das Ziel all ihrer Bemühungen darstellt. Mein Lieblingstipp für junge Christinnen: »Keep calm and be a Proverbs 31 woman.« Ich lache spöttisch und möchte jemanden kennenlernen, der drei Jobs, einen großen Haushalt und fünf Kinder hat, vor Sonnenaufgang aufsteht, Sport treibt, nebenbei in ständiger Achtung vor Gott lebt und dabei ruhig bleibt.

Denn wenn ich mir folgende Bibelstelle durchlese, klingt das nach hartem nordkoreanischen Arbeitslager unter den wachsamen Augen von Söhnen, dem eigenen Ehemann und einem furchterregenden Gott, nicht nach einem erfüllten Leben:

Wem eine tüchtige Frau beschert ist,
die ist viel edler als die köstlichsten Perlen.
Ihres Mannes Herz darf sich auf sie verlassen,
und Nahrung wird ihm nicht mangeln. Sie tut ihm
Liebes und kein Leid ihr Leben lang.
    Sie geht mit Wolle und Flachs um und arbeitet
gerne mit ihren Händen. Sie ist wie ein Kaufmanns-
schiff; ihren Unterhalt bringt sie von ferne.
Sie steht vor Tage auf und gibt Speise ihrem Hause
und dem Gesinde, was ihm zukommt.

Sie trachtet nach einem Acker und kauft ihn und
pflanzt einen Weinberg vom Ertrag ihrer Hände.
Sie gürtet ihre Lenden mit Kraft und regt ihre Arme.
Sie merkt, wie ihr Fleiß Gewinn bringt; ihr Licht
verlischt des Nachts nicht. Sie streckt ihre Hand
nach dem Rocken, und ihre Finger fassen die
Spindel.

Sie breitet ihre Hände aus zu dem Armen und
reicht ihre Hand dem Bedürftigen. Sie fürchtet für
die Ihren nicht den Schnee; denn ihr ganzes Haus
hat wollene Kleider. Sie macht sich selbst Decken;
feine Leinwand und Purpur ist ihr Kleid.

Ihr Mann ist bekannt in den Toren, wenn er sitzt
bei den Ältesten des Landes.

Sie macht einen Rock und verkauft ihn, einen
Gürtel gibt sie dem Händler. Kraft und Würde
sind ihr Gewand, und sie lacht des kommenden
Tages. Sie tut ihren Mund auf mit Weisheit,
und auf ihrer Zunge ist gütige Weisung. Sie schaut,
wie es in ihrem Hause zugeht, und isst ihr Brot
nicht mit Faulheit.

Ihre Söhne stehen auf und preisen sie, ihr
Mann lobt sie: »Es sind wohl viele tüchtige Frauen,
du aber übertriffst sie alle.«

Lieblich und schön sein ist nichts; eine Frau,
die den HERRN fürchtet, soll man loben.
Gebt ihr von den Früchten ihrer Hände, und ihre
Werke sollen sie loben in den Toren!

Diese Frau bin ich nicht, will ich nicht sein und nicht kennenlernen. Sie klingt wie das Gegenteil von Humor, wie eine Antithese zu Lebensfreude. Ich glaube, auch Ava liest diese Zeilen und muss schmunzeln. Ava versteht, dass die Proverbs-31-Frau keine echte Frau ist, sondern ein idealisiertes Bild einer Frau.

Okay, ich muss kurz innehalten und mich daran erinnern, dass meine linken Freunde und meine emanzipierte Familie diese Zeilen lesen werden. Zu meiner Verteidigung habe ich Folgendes zu sagen: Ich brauche keine Tiefenpsychologie, um zu erkennen, woher meine seltsame Sehnsucht nach sonnigen, ausgeglichenen Frauen in Blumenröcken kommt. Meine Mutter, die ich liebe und die immer ihr Bestes gegeben hat, ist eine taffe Lady mit wenig Zeit, einem Volltagsjob und nem Hosenanzug, und ich kompensiere (über), indem ich brotbackende Glucken idealisiere – Rätsel gelöst! Mir ist vollkommen bewusst, dass ich mit einem möglicherweise überholten Frauenbild flirte, weil ich es mir leisten kann. Wie ein 17-jähriger Punk, der nachts Häuser besetzt und morgens verlegen und durchgefroren in die Heimsauna seiner Ärzte-Eltern schlüpft, kann ich mich gegen das Frauenbild meiner Wahl entscheiden, sobald es mir zu ungemütlich wird.

Trotzdem möchte ich wissen, ob es sich wirklich leichter in Gottes Präsenz lebt, wenn man eine moderne Proverbs-31-Frau ist. Auf den folgenden Seiten versuche ich, Ava auf die Schliche zu kommen, indem ich sie werde.

Ich stelle ein Bild von Reese Witherspoon in einem Blumenkleid auf einer Veranda als meinen Desktop-Hintergrund ein und es kann losgehen.

Lot und die Ladys
Home, sweet home

In den amerikanischen Südstaaten gibt es eine Rede-
wendung, die für besonders offene, herzliche und gast-
freundliche Menschen gebraucht wird. »She never met a
stranger« heißt so viel wie »Sie hat nie jemanden getroffen,
der ein Fremder war«, da jeder Fremde schon ein Freund
ist und herzlich eingeladen wird, sich mit an den Tisch zu
setzen. So möchte ich leben, und Ava und Jesus stimmen
mir zu. Diese Woche werde ich also jeden Tag »Tag der offenen Tür« haben und aus meinem Schneckenhaus heraus-
kriechen, um meine innere Ava auf Freunde, »Fremde« und
Nachbarn loszulassen.

Heute Abend lade ich unsere Freunde aus der alten
WG (Max, Ari und ich wohnen mittlerweile zu dritt) zum
Abendessen ein. Ich liebe es zu kochen und zu backen und
sehe mich gerne in meinen Tagträumen in einem hübschen Kleid mit einem Glas Weißwein in der Hand Gäste
empfangen. Dieser Teil ist also ein Heimspiel. Was kein
Heimspiel ist: unsere Wohnung in einen Zustand zu verset-
zen, in dem Ava Gäste empfangen würde.

Bei unserem ersten Date hat Max mich von zu
Hause abgeholt und lachend gesagt: »Du hättest doch nicht

extra für mich aufräumen müssen.« Seiner Meinung nach war das ein Witz, aber bei mir ist es damals als Kompliment angekommen. Denn meine Idee eines aufgeräumten Zimmers sieht in den Augen der meisten Menschen aus wie das Vorher-Bild einer Realityshow, in der chronischen Hamstern und Chaoten von einer Moderatorin mittleren Alters geholfen wird, ihre Wohnung und ihr Leben unter Kontrolle zu bekommen.

Ich bin sehr häuslich im Sinne von: Ich bin sehr gerne zu Hause. Ich lege gerne die Füße hoch und lese ein gutes Buch, während ich einen Marmorkuchen im Ofen habe. Leider bin ich nicht häuslich im Sinne von: Ich putze gerne Fenster und räume dreckige Schüsseln weg, während der Kuchen im Ofen ist. Viel von meiner Abneigung gegen Ordnung oder immerhin Putzen liegt wohl daran, dass ich entschieden habe, eine Künstlerin zu sein, eine Denkerin, ein Schreiberling. Ich möchte meine Zeit mit geistigen und vielleicht geistlichen Dingen verbringen, nicht mit Abstauben und Wischen. Das Zugeständnis, dass auch ich mich wohler fühlen würde mit ein bisschen mehr Ordnung, scheint wie Hochverrat und wie ein direkter Weg zu einem spießigen Vorstadtleben, in dem ich statt über Tolstoi über den örtlichen Schützenverein nachdenke.

Diese Vorurteile sollen heute widerlegt werden, denn Ava mutet ihren Gästen kein Waschbecken zu, auf dem sich Staub und Zahnpasta verabredet haben, um eine dicke graue Kruste zu bilden. Sie ruft nicht »Was soll's, das sind unsere Freunde. Die müssen uns mögen«, während Max durchs Schlafzimmer läuft, um immerhin Unterwäsche und Socken einzusammeln. Ava ist es wichtig, sauber zu sein, und sie weiß, dass Gäste sich wohler fühlen, wenn sie nicht über Bücherberge klettern müssen, um ihre Jacken abzulegen.

Okay, Ava, dann mal ran an den Lappen oder in meinem Fall an den Schwamm, denn ich habe eine ausgeprägte Lappenphobie und kann diese muffigen Bakterienschleudern beim besten Willen nicht anfassen. Die nächsten fünf (!) Stunden putze ich unsere Wohnung. Ich ordne, sortiere, räume die letzte Kiste aus und finde drei Jahre alte ungeöffnete Post von meiner Krankenkasse, Überreste meines zerfledderten Impfausweises und zwischen alten Zeitungsartikeln mein Original-Abiturzeugnis. Ich schrubbe, sauge, wische und tue schließlich etwas Undenkbares, beinahe Skandalöses: Ich putze Fenster! Ari läuft prompt gegen die Scheibe, was eventuell daran liegt, dass er ein Hund mittleren Alters ist und seine Augen schwächeln, was ich aber als Kompliment an meine streifenfreie Sauberkeit interpretiere. Putzen hat etwas Meditatives und seltsam Befriedigendes. Ich bin in Bewegung und tue etwas Praktisches mit eindeutigem Ergebnis.

Ich denke mal eine Weile nicht nach, sondern bin völlig ausgefüllt mit einer handfesten Aufgabe. Als die Gäste auftauchen, bin ich erschöpft, aber die Bude glänzt. Am nächsten Tag räume ich die Küche auf, wische einmal durch und lasse nicht, was eigentlich eine kleine Tradition ist, die Essensreste vier Tage in den Töpfen eintrocknen. Max ist Schwabe, was er während unseres Umzugs durch ständiges Schrauben, Bohren und Verbessern eindrucksvoll bewiesen hat, und lässt sich von meiner neu gefundenen Hausfraulichkeit anstecken. Er topft Pflanzen um und

behauptet dabei selbstbewusst: »Umtopfen ist mein Leben.«
Er bringt die letzte Lampe an und ruft dabei: »Schaffe, schaffe, Häusle baue.« Schwaben sind wandelnde Klischees. In den nächsten Tagen backe ich Kuchen, was nichts Besonderes ist. Was besonders ist: Ich verteile den Kuchen im Haus, traue mich sogar, bei meinem Nachbar zu klingeln, der mich nicht mag. Ich kompensiere das und lächle ihn mit allen zweiunddreißig Zähnen an, wann immer wir uns im Flur begegnen.

Ich fühle mich offen und optimistisch und großzügig und vielleicht sogar ein klein wenig beseelt. Ich weiß, dass Kuchen an Nachbarn verteilen nicht unbedingt dasselbe ist, wie im Namen Gottes Katastrophenhilfe zu leisten, aber laut Lukas-Evangelium soll ich meinen Nächsten lieben, und mein Nächster ist nun mal mein Nachbar. Ich bin ein großer Verfechter von »Fake it til you make it«. So zu tun, als ob man offen, großzügig oder kommunikativ ist, mag manchen Menschen unaufrichtig vorkommen, aber ich bin überzeugt, dass man mit seinen Aufgaben wächst und in sein Verhalten hineinwachsen kann. Nirgends wird mir das so klar wie bei meinem Job als Ölverkäuferin. Meine spezielle Form von Selbstverleumdung und Freundlichkeit passt hervorragend mit einem Job im Service zusammen. Nix da Servicewüste Deutschland. Ich bin bereit, bei jedem noch so unfreundlichen Kunden zu entscheiden, dass der Kunde König ist, und ihn dementsprechend zu behandeln. Wenn ein arroganter Banker genervt auf seine Uhr starrt und »Geht das auch schneller?!« ruft, während ich zwei identische Geschenkkörbe – vermutlich für Ehefrau und Freundin – für ihn einpacke, möchte ich ihn daran erinnern, dass wir Öl und Essig verkaufen, keine Blutkonserven für Notoperationen. Ich könnte ihm das Ganze einfach in eine Papiertüte werfen – vielleicht möchte die Gattin das alles dann ja hübsch in Folie packen und ein Schleifchen daran binden? Stattdessen lächele ich reumütig, entschuldige mich, dass es so lange dauert und gelobe, mich zu beeilen. Dann staube ich Flaschen ab, putze den Boden und zähle Kleingeld, bevor der Laden abgeschlossen wird.

Zu Hause angekommen, habe ich oft noch Restenergie und spiele ein bisschen Verkäuferin, bevor ich wieder Lisa bin. Ich sauge schnell durch die Küche oder reinige Aris Näpfe und erinnere mich schließlich, dass ich wieder Ich bin und lege mich mit einem Buch aufs Sofa. Was ich sagen will: »Fake it til you make it« funktioniert. Ob im Job als Öl- und Essigverkäuferin oder bei mehr Gastfreundschaft und einer saubereren Wohnung. Während ich diese Zeilen tippe, sitze ich an meinem sauberen Küchentisch. Auf den Regalbrettern an der gegenüberliegenden Wand stehen ordentlich aufgereiht Gläser mit Mehl, Zucker und Couscous, und ich versuche mich nicht dafür zu schämen, dass mich das glücklich macht. Vielleicht tut es mir gut, ab und an Ava zu *spielen* und mir zu beweisen, dass man auch zwischen sauberen Oberflächen in einer staubfreien Küche, die nach frisch gebackenem Brot riecht, Anna Karenina lesen kann. Das mag mich nicht näher zu Gott bringen, aber weiter weg vom Nervenzusammenbruch.

Ich laufe mit Max und Ari durch den Wald. Ein durchtrainiertes Pärchen Mitte vierzig joggt in beeindruckendem Tempo an uns vorbei und unterhält sich dabei, ohne hörbar aus der Puste zu sein.

»Arschlöcher«, sagt Max und verdreht die Augen. »Angeber«, sage ich. Zehn Meter weiter rastet Ari ohne ersichtlichen Grund aus (was so seine Art ist) und fängt an, einen anderen Hund anzukläffen und zu knurren. Der Besitzer, ein übergewichtiger Mann in den Sechzigern, schnaubt verächtlich. »Wenn Sie Ihren aggressiven Hund nicht unter Kontrolle haben, dürfen Sie ihn halt nicht ableinen. Mein Norbert würde so was nie machen.« Ich flehe Max mit meinem Blick an, nichts zu sagen und rege mich dann auf, sobald der Rentner und Norbert außer Hörweite sind. Ich atme tief ein und mache meinem Ärger Luft: »Was? Dürfen nur noch reinrassige Schnauzer vom Züchter im Wald frei rumlaufen? Und alle Mischlinge mit Dachschaden haben im Tierheim zu verschimmeln? Wenn wir Ari von klein an gehabt hätten, wäre alles unkomplizierter, aber das Leben ist halt kein Wunschkonzert. Solche Leute machen mich so wütend. Ist doch gar nichts passiert.

Im schlimmsten Fall hat Ari die teure Frisur von Norbert – und was ist das überhaupt für ein Name für nen Hund – ein bisschen zerrupft. Das ist versnobt und übrigens auch rassistisch – oder glaubst du, es ist Zufall, dass selbstgerechte Rentner nie schwarze Hunde haben? Und nie Mischlinge! Wahrscheinlich geht er nach Hause und isst erstmal ne Currywurst, aber führt sich hier wie der große Tierversteher auf. Er ist kein Tierversteher, nur ein Norbert-Versteher, und das kann bei seinem Einzeller an Hund ja nicht so schwer sein!«

Diese Woche möchte ich höflicher sein, nicht lästern und meine negativen Gedanken anderen Menschen gegenüber im Zaum halten. Wie Sie sehen, habe ich einiges zu tun. Die Bibel ist eindeutig, wenn es um Lästerschwestern und Verleumdung geht. Eines der Zehn Gebote lautet: *Du sollst nicht falsch Zeugnis reden wider deinen Nächsten.* Im Gegensatz zu vielen anderen Vorgaben im Alten Testament kann ich bei diesem Gebot klar erkennen, dass Lästern meine Gottesbeziehung schwächt. Ich weiß, dass Karma in eine andere Religion gehört, aber wenn es so was wie Karma gibt, macht schlechtes Karma es garantiert schwieriger, Gottes Stimme zu hören.

In einem der Sprüche Salomons heißt es: *Wer vorgeht und sich mengt in fremden Hader, der ist wie einer, der den Hund bei den Ohren zwackt. Wie ein Unsinniger mit Geschoss und Pfeilen schießt und tötet, also tut ein falscher Mensch mit seinem Nächsten und spricht danach: Ich habe gescherzt. Wenn nimmer Holz da ist, so verlischt das Feuer; und wenn der Verleumder weg ist, so hört der Hader auf* (Spr 26,17–20).

Ich würde zwar niemals den Hund bei den Ohren zwacken, auch wenn mein Hund es verdient hätte. Aber trotzdem wäre mir daran gelegen, ein bisschen weniger urteilend zu sein. Ari hilft mir dabei, anderen Menschen einen Vertrauensvorschuss zu gewähren. Erst heute hat er mir bewiesen, dass »Im Zweifel für den Angeklagten« mein neues Motto sein sollte. Max und ich mussten heute Morgen endlich mal die Ansammlung an leeren Bierkästen auf unserem Balkon wegbringen, und da Ari keine halbe Stunde allein bleiben kann, ohne das Haus zusammenzuschreien oder zu versuchen, sich durch den Laminatboden zu buddeln (die Kaution für diese Wohnung werden wir nie wiedersehen), musste er halt mit. Da es aber auch ziemlich warm war, konnten wir ihn nicht im Auto lassen und banden ihn stattdessen unter einem schattigen Baum am Parkplatz neben Max' Auto fest. Kaum hatten wir uns durch die Menschenmengen gekämpft, die Flaschen weggebracht und uns in die Gemüseabteilung vorgearbeitet, kam die Durchsage: »Der Halter des Hundes soll bitte umgehend zu seinem Hund zurückkommen.« Ich stand mit hochrotem Kopf zwischen dem Gemüse und hielt mich in Schockstarre an einer Zucchini fest, während Max den Wagen losließ und Richtung Ausgang lief – deswegen wird er Arzt und ich Schriftstellerin. Die Menschentraube, die sich um den jaulenden Ari gebildet hatte, musste schließlich selbst zugeben, dass wir maximal zehn Minuten weg waren und man seinen Hund wohl kaum mit Hundemarke neben dem eigenen Auto aussetzen würde. Ari schien ziemlich zufrieden mit sich und seiner Vorstellung und hatte uns mal wieder bewiesen, wer die Hosen in dieser Familie anhat.

Auf dem Heimweg musste ich mir eingestehen, dass ich noch vor wenigen Monaten ähnlich gehandelt hätte wie die Menschen, die uns haben ausrufen lassen. Ich hätte mich kurzerhand zum Gutmenschen und Tierschützer erklärt und wäre mutig eingeschritten, wenn irgendwelche herzlosen Tierhalter ihren armen jaulenden Mischling grausam an einem Baum stehen gelassen hätten. Heute würde ich mich daran erinnern, dass der Hund vielleicht nicht alleine bleiben kann, dass es im Auto zu warm für ihn ist, dass er zwar quängelt, aber vermutlich trotzdem insgesamt ein ganz gutes Leben führt. Ich würde einkaufen gehen und nochmal darüber nachdenken, ihn zu »retten«, falls er eine Stunde später noch da ist. Ich würde durchatmen und mich, bevor ich jemanden verurteile, an das jüdische Konzept *tzniut* erinnern.

Tzniut heißt übersetzt so viel wie Bescheidenheit und wird heute vor allem gebraucht, um die Kleidungsvorschriften orthodoxer Jüdinnen zu beschreiben. Ursprünglich ging die Bedeutung des Wortes aber weit über Anziehsachen hinaus. Ich bin keine Expertin, aber wenn ich *tzniut* richtig verstehe, geht es um eine Übereinstimmung von inneren Werten und äußerem Erscheinungsbild und um den Schutz von Privatleben. Meine alte, und manchmal erschreckend konservative Seele fühlt sich davon angesprochen. Vor ein paar Jahren habe ich einen Roman gelesen, in dem zwei alte Freunde sich siezen, und fand die Idee so bezaubernd, dass ich angefangen habe, Sarah zu siezen. Sarah konnte den Zauber nicht erkennen und hat nach ein paar Tagen verkündet, dass ich eine beste Freundin haben kann, die ich duze oder gar keine beste

Freundin. Trotz dieser Niederlage habe ich etwas für veraltete Ideen von Privatsphäre übrig und glaube, dass es uns im Zeitalter von Instagram und Selfies nur guttun kann, eine bewusste Grenze zwischen intimem Privatleben und der Außenwelt zu ziehen.

Während ich chronisch höflich bin, möchte ich nun ein bisschen besser darin werden, auch in meinen Gedanken, in meiner inneren Haltung sanfter und großzügiger zu sein. Und Gott, deren Wege manchmal völlig offensichtlich sind, gibt mir direkt am nächsten Tag die Gelegenheit, meine neue innere Bescheidenheit zu testen. Ich stehe bei Edeka, wo ich nur kurz Sojasahne kaufen möchte, als mir eine Mutter mit ihrem etwa dreijährigen Sohn begegnet. »Nein, Paul, du kannst das nicht haben. Sei doch mal kurz still. Ich muss denken. Kannst du nicht einfach kurz beim Wagen warten und ich geh zurück zum Obst?«, fährt die Mutter das Kind an und fasst sich an die Schläfen. Paul hat Tränen in den Augen. Mein altes Ich hätte einen innerlichen Monolog geführt, der ungefähr so ausgesehen hätte:

»Wenn ich mal Mutter bin, werde ich meinem Kind immer zu verstehen geben, wie gerne ich seine Mama bin. Ich werde geduldig sein und ihn nicht dafür anmeckern, dass es ein Kind ist. Stattdessen werde ich mir Zeit nehmen, auf mein Kind eingehen und erklären, wieso es die Süßigkeit nicht haben kann.«

Mein neuer Monolog hingegen sieht so aus: »Ich kenne diese Frau nicht und höchstwahrscheinlich hat sie Bürden zu tragen, von denen ich keine Ahnung habe. Vielleicht hat sie einen Säugling zu Hause und seit drei Monaten keine Nacht durchgeschlafen. Vielleicht ist heute der erste Todestag ihrer heißgeliebten Mutter, und sie weiß auch nach einem Jahr noch nicht, wie sie ohne ihre Mama auf der Welt sein soll. Vielleicht hat sie chronische Rückenschmerzen und gibt gerade jetzt ihr Allerallerbestes.«

»Ich kann kurz bei Paul bleiben«, sage ich und die Mutter lächelt mich an. Ich knie mich zu Paul, wir reden über Spiderman, und fünfzehn Minuten später laufe ich ein wenig aufrechter als zuvor aus dem Supermarkt. In aller Bescheidenheit natürlich.

Warnung: Wenn das hier eine romantische Komödie wäre, würde jetzt der Teil kommen, in dem die Protagonistin zu blumiger Popmusik unpassende, aber ach-so-komische Outfits anprobiert. Falls Ihnen, lieber Leser, das zu unemanzipiert ist, habe ich Verständnis, und Sie können gern bis zum letzten Kapitel vorblättern.

Diese Woche werde ich eine gute Gläubige sein und dementsprechend aussehen. Wie eine Mischung aus Ava und India Ari möchte ich meine Spiritualität am, nicht nur im Körper tragen. Dabei möchte ich mich an *tzniut*-Vorgaben halten. Bei den meisten orthodoxen Jüdinnen werden Ellbogen, Knie und Schlüsselbein bedeckt und natürlich alles, was dazwischen liegt. Zusätzlich bedecken verheiratete Frauen ihr Haar, entweder durch eine Perücke oder durch eine Art Turban (*tichel* genannt). Wenn man *tzniut fashion* googelt, stößt man auf eine Vielzahl an Seiten von und über Frauen, die sich dieser keuschen Mode verschrieben haben und dabei auch noch wundervoll, würdevoll und modisch aussehen (Prinzessin Kate, die Olsen-Zwillinge und das Model Olivia Palermo werden gerne als Inspirationen aufgeführt). In der Bibel steht zwar, dass eine gute Frau sich mit Bescheidenheit, nicht mit Gold, Perlen und aufwendigen Frisuren schmückt, aber ich glaube, dass Bescheidenheit und Glitzer sich nicht ausschließen, und der Großteil des orthodoxen Judentums scheint mir da Recht zu geben. Es gibt sogar *tzniut*-Modelabels, so zum Beispiel das Label »Mimu Maxi« zweier orthodoxer Schwägerinnen aus New York. Dieses Label, von dem ich übrigens kein Geld bekomme, nur ehrlich begeistert bin, bietet Frauen lange Röcke in mutigen Farben, Kleider und übergroße Gewänder, die gleichzeitig total korrekt und modisch sind, und trägt ganz nebenbei zur Völkerverständigung bei. Denn neben orthodoxen Jüdinnen shoppen auch Muslimas, gläubige Christinnen und säkulare Damen, die wenig Haut zeigen und trotzdem nicht prüde aussehen wollen, bei »Mimu Maxi«.

Schon vor diesem Selbstversuch hatte ich oft Turbane, lange Röcke und hochgeschlossene Oberteile an, aber nur selten alles gleichzeitig. Dass ich nicht ständig aussehe, als wäre ich eine sehr religiöse Frau, liegt vor allem an Max. Wenn ich neben ihm laufe und aussehe wie eine gläubige Muslima oder Jüdin, sagt das der Welt natürlich auch viel über ihn. Und was es sagt, nämlich dass er ein konservativer religiöser Mann ist, der es befürwortet, wenn seine Frau sich bedeckt, passt ihm nicht.

Ich habe mit Max also seit längerem den Deal, dass ich entweder einen Turban oder einen langen Rock trage, aber nicht zusammen, weil ich dann zu sehr nach religiösem Hardliner aussehe. Die Feministin in mir möchte kurz innehalten und fragen: Ist das nicht auch eine Form von »mich für Männer kleiden«? Diese Woche soll mir unser kleiner Deal egal sein. So starte ich meinen Selbstversuch in einem langen schwarzen Rock, einem hochgeschlossenen grünen Shirt, einem grüngemusterten Kimono, einem rosa Turban und jeder Menge falschem Gold. Ich hoffe, Gott weiß meinen Einsatz zu schätzen.

Tag eins bis drei: Ich liebe Turbane. Ich bin mir nicht sicher, woher diese Liebe kommt, aber wann immer ich einen männlichen Sikh, eine afrikanische Frau mit Turban oder eine verschleierte Muslima mit Kopftuch sehe, bewundere ich deren Schönheit. Und wann immer ich mich selbst dafür entscheide, den kühlen glatten Stoff eng um meinen Kopf zu wickeln, genieße ich das Gefühl. Der Turban bringt mich in Form, schützt und schmückt mich, und ich mag, wie sich das anfühlt.

Mir gefällt der Gedanke, mich öffentlich zu positionieren und der Welt zu sagen, wo ich hingehöre. Sobald ich mein Haar bedecke, sehe ich aus, als würde ich zu Gott gehören. Auch wenn ich mir persönlich da noch nicht sicher bin, fühlt es sich gut an, immerhin so auszusehen, als hätte ich eine Entscheidung getroffen und würde diese leben. Die ersten drei Tage dieses Experiments fühle ich mich schön und königlich im langen Rock und mit Turban. Muslimas lächeln mich an, echte Erwachsene, also Menschen über fünfunddreißig, behandeln mich mit Respekt, und ich kann an jeder Teestube, Dönerbude und an jedem Wettbüro vorbeilaufen, ohne mit Pfiffen oder blöden Fragen rechnen zu müssen. Ein Junge von vielleicht zwölf Jahren bietet mir einen Platz in der Bahn an (sehe ich schwanger aus?). Ich sehe meine Reflexion in der Scheibe des Hard

Rock Cafés an der Ecke und mag, was ich sehe. Diese Art Outfit lässt mich aufrechter laufen und vielleicht sogar aufrechter leben. Es fühlt sich seltsam an, so offensichtlich religiös auszusehen und gleichzeitig gehässig, kleinlich oder kaltherzig zu sein. Ich schwebe also sanfter durch die Welt, wie ein Bohemian-chic-Glaubenskrieger. Nur Ari hält mich am Boden, und während ich in einer kleinen Plastiktüte Hundekot einsammele, werde ich daran erinnert, dass ich auch in wallenden Gewändern noch Lisa bin.

An Tag vier meines Selbstversuchs wird es aus dem Nichts heiß. Der Winter wird über Nacht zum Sommer und meine Ganzkörperverhüllung wird zur Sauna. Während ich schwitzend mit Ari spazieren gehe, frage ich mich, woher diese Vorschriften überhaupt kommen. Was sagt die Bibel zu weiblicher Bekleidung? Wie sich herausstellt, sagt sie nicht viel. Zwischen den Zeilen ist zu lesen, dass ein mehr an Kleidung tendenziell gut ist und viel Schmuck schlecht, aber im Großen und Ganzen hält die Bibel sich mit Details zu weiblicher Bekleidung zurück. Weibliches Entkleiden hingegen ist ein großes Thema.

Wie so oft wird auch in der Bibel die Nacktheit von schönen Frauen zur Unterhaltung von Männern erwähnt. König David beispielsweise beobachtet Bathsheba ohne ihr Wissen beim Baden und bestellt sie prompt bei sich ein. *Darauf schickte David Boten zu ihr und ließ sie holen; sie kam zu ihm, und er schlief mit ihr – sie hatte sich gerade von ihrer Unreinheit gereinigt* (2. Samuel 11,4). Was hier so emotionslos berichtet wird, kann nur als Vergewaltigung bezeichnet werden, die verheerende Folgen für die gänzlich schuldlose Bathsheba hat.

Ähnlich verstörend ist die Geschichte der Königin Waschti, die sich weigert, zur Unterhaltung ihres Mannes und seiner Partygäste mit ihrer Krone bekleidet (und womöglich nur mit ihrer Krone bekleidet, dies wird aus dem Text nicht deutlich) vor den Männern auf und ab zu stolzieren. Der König berät sich mit seinen Vertrauten, die ihm folgenden Tipp geben (Esther 1,17): *Denn das Verhalten der Königin wird allen Frauen bekannt werden, und sie werden die Achtung vor ihren Ehemännern verlieren und sagen: König Artaxerxes befahl der Königin Waschti, vor ihm zu erscheinen; aber sie kam nicht. Folglich wurde Waschti verbannt, weil sie nicht bereit war, sich den Blicken der Männer zu deren Erregung auszusetzen.*

Am schlimmsten jedoch hat es Jerusalem selbst getroffen. Jerusalem, die anscheinend weiblich ist, wird von Gott gestraft, indem all ihre Liebhaber herbeigerufen werden und sie ihnen zur Massenvergewaltigung übergeben wird (Ezekiel 16,35–39). Das gewaltvolle Entkleiden von Frauen, wenn auch zumeist von metaphorischen Frauen, wird in der hebräischen Bibel wieder und wieder genutzt, um Frauen zu demütigen und wortwörtlich ihre Scham öffentlich zu machen.

Die biblische Kleidung von Frauen und die dementsprechenden Regeln sind im Vergleich zu denen der Männer unpräzise. Eindeutig allerdings ist es, dass Kleidung genutzt werden kann, um Frauen als Eigentum zu deklarieren, sie symbolisch in den männlichen Schutz einzubeziehen und ihnen diesen Schutz wieder zu entziehen, so im Falle einer Scheidung, indem ihnen Kleidung abgenommen wird.

Die Botschaft ist klar: Frauen haben keusch und bedeckt zu sein, bis ein Mann sie zur eigenen Befriedigung entkleiden will. Dann haben Frauen zu gehorchen und alle möglichen Konsequenzen zu ertragen. Denn was Frauen anziehen und wie sie sich bekleiden, liegt ganz in der Macht der Männer.

An Tag fünf ist es noch heißer geworden, und ich sitze hechelnd mit Ari auf einer Parkbank. Ich versuche zu lesen, aber der Schweiß, der meinen Hals und Rücken hinunterläuft, kitzelt, und ich gebe schließlich auf und starre matt ins Leere. Anscheinend funktioniert meine neu gefundene Sittsamkeit besser im Winter.

Meine Augen bleiben auf einem Plakat eines großen Fitnessstudios ruhen, dessen Slogan ungefähr lautet: Kümmere dich jetzt um deinen Beachbody, deinen Summerbody, deinen Bikinibody.

Ich kann kaum in Worte fassen, wie wütend mich diese Begriffe machen, aber weil Schreiben mein Job ist, versuche ich es trotzdem: Hast du einen Körper und es ist Sommer? Voilà, das ist dein Summerbody. Trägst du einen Bikini, egal welcher Größe, an deinem Körper? Glückwunsch, du hast einen Bikinibody. Hast du deinen Körper zu einem Strand bewegt? Großartig, sag Hallo zu deinem Beachbody. Ich bin fassungslos, dass es im Jahre 2016 okay ist, zu behaupten, dass fette, faltige, alte Körper besser zu Hause bleiben sollten, wenn es warm ist, um sich bitte erst wieder im Herbst blicken zu lassen. Ich würde gerne in zwanzig Jahren, nach drei Schwangerschaften und mit viel mehr Falten, Cellulite und Lebenserfahrung, auch noch an einen Strand dürfen.

Ich frage mich, ob mein Feminismus und meine religiöse Bescheidenheit sich in dieser Wut treffen können. Befreien mich religiöse Vorgaben von dem gesellschaftlichen Druck, sexy zu sein, Haut zu zeigen und über Dinge, wie die Thigh Gap nachzudenken (googeln Sie das bitte und schützen Sie Ihre Töchter), oder ist das Wunschdenken? Vor kurzem gab es eine Internetkampagne des Nachrichtendienstes Huffington Post. Unter dem Hashtag #hijabtome wurden Muslimas aufgerufen mitzuteilen, was ihnen das Kopftuch bedeutet, und die Antworten waren zahlreich. Viele Frauen berichteten, dass ein Kopftuch ihnen die Freiheit ermöglicht, zu sein, wer sie sind, und andere Menschen zwingt, sie als Menschen und nicht als sexualisierte Objekte kennenzulernen. Viele berichteten, dass ihnen die offensichtliche Zugehörigkeit zu ihrer Religion und ihren Kulturen gefällt, und wieder andere erklärten, dass sie sich über die Gelegenheit freuen, durch ihre bloße Anwesenheit als verschleierte Ingenieurinnen, Ärztinnen oder Lehrerinnen mit Vorurteilen aufzuräumen.

Ich kann nicht anders, als ein wenig neidisch zu sein. Aber ich kann auch nicht anders, als über Unterdrückung und die grundsätzlich frauenfeindliche Geschichte der abrahamitischen Religionen nachzudenken. Ich glaube diesen Frauen; und auch die verschleierten Muslimas in meinem Leben sind Beispiele für unabhängige, gebildete, starke, schöne Frauen, die sich durch ihre Kopftücher nicht eingeschränkt, sondern befreit fühlen. Aber auch wenn viele Frauen sich die Verschleierung angeeignet haben und diese mit Würde tragen, bleiben die Grundideen von Kleidungsvorschriften für Frauen aus religiösen Gründen nicht sexistisch? Können wir uns wirklich von der Tradition lösen und diese gleichzeitig verkörpern?

Ich will ja nicht zu sehr nach einer Vertreterin meiner Hipster-Generation klingen, aber kann ich mein Haar irgendwie subversiv bedecken, indem ich um die Tradition der Unterdrückung weiß, aber mir dieses Symbol als Zeichen der Befreiung aneigne?

An Tag sechs gebe ich auf, ziehe mir ein Top mit Ausschnitt und einen Rock, der bis zum Knie geht, an und treffe mich mit einer Freundin im Park, um bei einem Glas Wein das Wetter zu genießen. Beim Turban bleibe ich, aber nur, weil ich zu Sonnenstichen neige und ich mich mit Turban schön fühle. Ich denke über *tzniut*-Fashion nach und kann den Verdacht nicht loswerden, dass diese Art Mode auch den Effekt hat, Frauen aus dem öffentlichen Leben zu verdrängen. In *tzniut*-Outfits kann man keinen Sport treiben, sich nicht an den Strand legen und bleibt vermutlich bei Temperaturen über fünfundzwanzig Grad lieber zu Hause im Kühlen.

An Tag sieben habe ich, wie so oft auf diesem Weg, mehr Fragen als Antworten. Bei einer Sache jedoch bin ich mir sicher. Mein »richtig« und das »richtig« anderer Frauen darf unterschiedlich aussehen. Was eine andere Frau für sich entscheidet, ist nicht, was ich für mich entscheide, und wir alle haben das Recht, unsere Meinungen zu ändern, ohne uns selbst zu verlieren.

Was ich auch weiß: Ich liebe es, einen Turban zu tragen, und fühle mich wohl mit bedecktem Körper. Aber ich mag manchmal auch das Gefühl von Sonne auf meiner nackten Haut und will es nicht missen, auch nicht für Gott.

Lot und die Ladys
Crème de la Crème

Martin Luther sagte einst: »Die größte Ehre, die das Weib hat, ist allzumal, dass die Männer durch sie geboren werden.« Wenn man sich die Bibel anschaut, fällt es nicht schwer nachzuvollziehen, wie er auf solch eine furchtbare Idee kommen konnte. Schon zu Beginn des Alten Testaments wird die Frau als Nebendarstellerin eingeführt.

Und Gott der HERR sprach: Es ist nicht gut, dass der Mensch allein sei; ich will ihm eine Gehilfin machen, die um ihn sei.

Je mehr ich mich mit der Rolle der Frau in der Bibel beschäftige, desto mehr frage ich mich, ob ich als Feministin überhaupt religiös sein darf. Nehmen wir zum Beispiel die Geschichte von Lot. Lot, der einzig gute Mann in der verdorbenen Stadt Sodom, wird von zwei Engeln besucht, die von einem wütenden Mob verfolgt werden. Der Mob will sich an ihnen vergehen, und das hier ist Lots geniale Lösung: Er bietet den Lustmolchen seine eigenen (jungfräulichen) Töchter zur Vergewaltigung an. Und Lot ist wohlgemerkt das Beste, was diese Stadt zu bieten hat. Wenn er die Crème de la Crème von Sodom ist, hoffe ich, nie seinen verdorbenen Nachbarn zu begegnen. Ich könnte den ganzen Tag versuchen, Lots Geschichte in den historischen Kontext einzuordnen, sie als Zeichen ihrer Zeit zu sehen oder sie sonst wie schönzureden, aber nie würde dabei eine befriedigende Geschichte herauskommen. Ich habe wirklich keine gigantischen Ansprüche an Gott. Meinetwegen muss sie nicht allmächtig sein, ich muss mir nicht einmal sicher sein, dass sie existiert. Aber ich darf ja wohl den Anspruch haben, dass mein Gott gegen Vergewaltigung ist.

Was mache ich also mit Lot und seinen Töchtern? Oder mit der Vorgabe, dass die eigene Tochter im Falle einer Vergewaltigung mit dem Vergewaltiger verheiratet wird? Oder der Regel, dass Sklavinnen ihren Besitzern für Sex und Kindergebären zur Verfügung stehen müssen? Was mache ich mit Richter 19, einer Geschichte, die so furchterregend ist, dass ich sie hier nicht wiederholen möchte? Schönreden geht nicht, leugnen auch nicht, dafür ist das Buch einfach zu bekannt. Was mir also bleibt, ist, diese Geschichte, zusammen mit vielen anderen im Alten Testament, zu ignorieren.

Und nun? Darf ich ganze Bibelteile ignorieren als Christin? Kann ich wirklich eine christliche Feministin sein oder ist das Selbstverleumdung? Verbieten Geschichten wie die oben genannten mir als Frau nicht, das Buch, in dem diese Geschichten stehen, als spirituell anzuerkennen?

Ich stelle zwei Missionarinnen der Mormonen diese Fragen, und sie erzählen mir, was ich von konservativen religiösen Menschen oft gehört habe: dass Männer und Frauen verschiedene Aufgaben auf Erden haben, aber in Gottes Augen denselben Wert. Dass Frauen und Männer zusammen arbeiten, aber unterschiedliche Attribute mitbringen, die Gott ihnen gegeben hat. Dass Gott einen Plan für seine Kinder, also für die Menschheit, hat und dieser Plan für Männer und Frauen nun mal unterschiedlich ist. Dass sie sich niemals fühlen, als würden die Vorgaben und Grenzen ihrer Kirche sie zurückhalten und dass sie sich als weibliche Gemeindemitglieder voll entfalten können. Ich glaube ihnen. In ihrer Welt, in der die Struktur der Kirche der Plan Gottes ist, sind sie zufrieden mit ihrer Rolle. Ich lächele und bedanke mich, aber wichtige Fragen bleiben:

Sicher bin ich nicht die Einzige, die das Konzept »verschiedene Aufgaben, aber gleicher Wert« daran erinnert, was schwarze Amerikaner sich nach dem Ende der Sklaverei anhören mussten. Wenn es um Gleichberechtigung geht, ist »gleich, aber …« nicht gut genug. Frauen, Schwule, Schwarze, Behinderte und jede andere benachteiligte Gruppe hat mehr als »seperate but equal« verdient. Wir leben nicht in den 1950ern und schon gar nicht zu Zeiten Christus' und müssen uns nicht mit Gleichberechtigung mit Fußnoten zufriedengeben. Die Welt, in der ich lebe, ist besser als das, die Männer in meiner Welt sind besser als das, und Max ist es sowieso. Da ich spirituell ausgehungert und gleichzeitig eine moderne Frau des einundzwanzigsten Jahrhunderts bin, möchte ich glauben, dass Feminismus und Orthodoxie eine Schnittmenge haben, in der ich mein Zelt aufschlagen kann. Dass Miranda July und Therese von Lisieux sich irgendwo treffen, wo es sich leben lässt.

Gloria Steinem hat mal gesagt, dass man als Frau entweder Feministin oder Masochistin ist, und ich stimme dem zu. Meine Frage ist: Wo fängt dieser Masochismus an und wo hört er auf? Ist jede Form von Beschäftigung mit der Bibel ein Zugeständnis ans Patriarchat? Oder kann ich die Bibel da, wo sie mit meinen Werten vereinbar ist, annehmen und den Rest als sexistischen Quatsch verwerfen?

Auch nach langem Grübeln habe ich keine Antworten und halte mich, was sonst nicht meine Art ist, einfach an meiner Realität fest: an Bree Newsome und Nadia Bolz-Weber, Anne Lamott und Rachel Held Evans und anderen Christinnen, die schön, stark und unabhängig sind und es schaffen, die Konflikte mit erhobenem Haupt zu tragen. An Muslimas wie Asra Nomani und Jüdinnen wie Allison Josephs, die sich für ihren Glauben einsetzen, ohne sich von dessen Sexismus zum Schweigen bringen zu lassen.

Tohuwabohu
Phantomschmerz

Zurzeit schlafe ich zehn Stunden am Stück und wache todmüde und schweißgebadet auf. In einem meiner Lieblingslieder, »Ever« von Habanot Nechama, heißt es: *Trying to take my soul / And my talent is gone / Am I loosing it? / Am I loosing it all?*

Ich verbringe meine Stunden, die sich ziehen wie frischer Kaugummi, der unter den Turnschuhen klebt, damit, leere Word-Dateien anzustarren, und leide an einer stillen, aber konstanten Panikattacke. Wenn es dich gibt, Gott, brauche ich dich jetzt. Denn ich schreibe ein Buch über dich und weiß nach 130000 Zeichen immer noch nicht, ob du existierst. Mir gehen die putzigen Anekdoten, die cleveren Metaphern und die humorvollen Einblicke in meinen Alltag aus. Ich wollte dir in die Wüste folgen, in Land, da man nicht sät. Aber nun stehe ich alleine in diesem wüsten, leeren Land[2] und weiß nicht wohin. Ich spüre, wie ich spirituell vertrockne unter der gleißenden Sonne, die du angeblich für mich geschaffen hast. Ich

2 *Fun fact, damit das hier nicht nur deprimierend ist:*
   Tohuwabohu ist Hebräisch und hießt übersetzt: wüst und leer.

brauche eine Oase, aber ich weiß nicht, wo in mir und wo da draußen ich noch suchen soll. Langsam dünkt es mich, dass alles, worauf ich hoffen kann, eine Fata Morgana ist. Diese Suche bringt das Schlechteste in mir zum Vorschein. Ich bin grün vor Neid, wenn ich echte Gläubige treffe. Wie machen sie das? Wie wischen sie die Zweifel weg oder halten sie aus? Wie leben sie ein Leben in Gottes Gegenwart und ertragen die Unsicherheit? Dies sind keine rhetorischen Fragen, ich brauche Antworten.

Und die ganzen Atheisten in meinem Leben? Meine Oma, meine Eltern, Max, Sarah und die meisten meiner Freunde: Wie können sie sich damit abfinden, dass es keinen Gott gibt, und damit glücklich sein? Wie können sie zufrieden sein, wo ich nur Mangel fühle? Einen Moment bitte, es klingelt.

Drei Stunden später: Sarah, die gerade auf unserem Sofa wohnt, ist nach Hause gekommen, um mit mir und einer Flasche Weißwein eine Folge »Jane the Virgin« zu schauen. Falls Sie noch nicht von »Jane the Virgin« gehört haben, kann ich die Serie nur wärmstens empfehlen. Die Handlung dreht sich um Jane, eine junge Latina und Katholikin in Miami, die versehentlich künstlich befruchtet wird (ich bitte Sie, sich mit ihrer natürlichen Skepsis zurückzuhalten und einen offenen Geist zu wahren). Nun ist sie also eine schwangere Jungfrau, trennt sich von ihrem Verlobtem Michael und bandelt mit dem Kindesvater Rafael an ... Daraufhin folgt ein großes Auf und Ab, Familiendrama, Mord, Seifenoper-Wendungen und alles Weitere, was das Herz begehrt. Heute schauen Sarah und ich das Finale der zweiten Staffel, in dem Jane endlich heiratet (wen verrate ich natürlich nicht. Wird es Michael? Oder Rafael? Oder ein ganz anderer Mann?). Alles ist wundervoll und rosa-orange, und Janes bezaubernde venezolanische Großmutter weint Tränen der Freude. Auch Sarah und ich weinen, schmeißen unseren Feminismus kurz über Bord und freuen uns über Janes wohlverdiente Hochzeit, ihr hübsches weißes Kleid und ihren hübschen Bräutigam. Nach der Hochzeit folgt eine so schockierende Wendung, dass uns das Blut in den Adern gefriert, aber darum soll es hier nicht gehen. Worum es gehen soll, ist mein völlig unchristlicher, grüner, hässlicher Neid. Jane bekreuzigt sich und ich bin so neidisch. Ich kann mir nicht vorstellen, irgendetwas im säkularen Leben zu finden, was dem übersinnlichen Melodrama des sich Bekreuzigen nahekommt. Wie bei einem amputierten Raucherbein werde ich meinen Nichtglauben immer als Phantomschmerz fühlen, und langsam scheint mir, dass sich dieser Schmerz nicht durch Meditation, zwischenmenschliche Beziehungen, Literatur und gutes Essen stillen lässt. Es gibt keinen würdigen Ersatz für das, was Jane hat.

Falls ich immer noch auf ein Zeichen hoffe, finde ich es im Bus Richtung Wald. Ich bin mit Sarah und Ari unterwegs, kraule Ari hinterm Ohr, und als ich aufblicke, sitzen uns zwei Missionarinnen der Mormonen gegenüber (man erkennt sie an den Namensschildern, an denen entweder Sister Nachname oder Elder Nachname steht und darunter *Kirche Jesu Christi der Heiligen der Letzten Tage*). Missionare der Mormonen sind meine Schornsteinfeger, meine vierblättrigen Kleeblätter oder Regenbögen. Ich bin aufgeregt und bei meinem derzeitigen Stand an Verzweiflung bereit, jeden Zufall als Zeichen zu akzeptieren.

Wie ein desillusionierter CDU-Wähler, der sich kurzentschlossen für die AfD entscheidet, treibt mich meine Desillusionierung mit meinem gottfernen Leben in die Arme der Mormonen.

Sarah erinnert mich daran, dass das typisches Lisa-Verhalten ist, das weit übers Ziel hinausschießt, und fragt, warum ich mich nicht mal mit einem netten evangelischen Pfarrer zusammensetzen kann, aber ich will alles. Ich will Klarheit und Wahrheit und ein simples Weltbild, immerhin für zwei Stunden. Drei Tage später treffen wir uns mit den Mormoninnen vor ihrer Kirche. Sie sind eindeutig aufgeregter als wir – ich habe nach der Begegnung im Bus, bei der ich mich nicht getraut habe, sie anzusprechen, ihre Nummern auf der Kirchen-Website herausgefunden und ihnen eine Art Fan-SMS geschrieben. Normalerweise hat Missionieren anscheinend mehr mit Klinkenputzen zu tun, und so sind die beiden Mädchen nervöser als wir und wollen sichtlich alles richtig machen.

Es ist ein warmer Tag, und als wir durch die Kirche laufen und uns die verschiedenen Räume erklären lassen, klacken Sarahs und meine Schuhe hörbar. Die Missionarinnen tragen eine Art orthopädische Sandale und klacken nicht. Wir betrachten das Taufbecken, eher ein Tauf-Pool, da die Mormonen ihre Täuflinge ganz untertauchen, schauen uns die Räume an, in denen Frauen ihre Säuglinge stillen können, und setzen uns schließlich in eines der zahlreichen »Klassenzimmer«, um uns zu unterhalten. Wir reden ein wenig über die Geschichte der LDS (Latter Day Saints = Heilige der Letzten Tage), und schnell wird klar, dass ich eher ein Mormonen-Groupie als ein interessierter Zivilist bin. Als ich, das Kind meiner Überflieger-Mutter, verkünde, dass ich schon weiß, wie die drei verschiedenen Himmel bei den Mormonen heißen, wirft Sarah mir einen Blick zu, der mir sagen soll »Halt dich zurück, Lisa, du machst ihnen Angst«. Und ich will mich auch zurückhalten, aber ich bin so aufgeregt, mit echten Mormoninnen zum Greifen nah zusammenzusitzen und sie ausfragen zu dürfen. So frage ich sie Details zu Mormonendoktrien, frage, wie sie mit der patriarchalen Struktur ihrer Kirche umgehen (Antwort: gar kein Problem, denn die Struktur ist von Gott so gewollt), frage sie, wie sie mit der Homophobie ihrer Kirche umgehen (Antwort: kleines Problem, Heterosexualität ist von Gott so gewollt), frage, frage und bohre nach, bis eine der beiden kleinlaut zugibt, dass sie sich normalerweise nur eine Stunde mit interessierten Menschen treffen, um diese nicht zu überfordern. In Wirklichkeit wissen wir alle, dass es die Mormonen sind, die eine Pause von mir brauchen, und ich schäme mich ein bisschen, sie so überrannt zu haben.

Einige Tage später sitzen die Mormonen bei uns am Küchentisch. Ich habe Sarah aufgetragen, Kuchen und Tee (aber keinen Schwarz- oder Grüntee, den dürfen Mormonen nicht trinken) vorzubereiten, während ich die Missionarinnen von der Haltestelle abhole. Die nächsten zwei Stunden sitzen wir zwischen leeren Weinflaschen und weltlicher Literatur (ich erspähe Sam Harris' *The End of Faith* auf der Kaffeemaschine und bete zu Gott, dass sie es nicht sehen) am Küchentisch, und zu meiner eigenen großen Überraschung werde ich wütend auf diese zwei sehr netten, klugen, offenen, höflichen Frauen, und das kam so: Wir reden, wie auch schon bei unserem ersten Treffen, über Homophobie und meine Angst, ein Kind – homo oder hetero – in einer homophoben Religion großzuziehen. Eine der Missionarinnen sagt, dass es viele verschiedene Arten gibt zu sündigen und sie homosexuelles Verhalten nicht als besonders schandhaft herausheben möchte. Es gibt anscheinend auch homosexuelle Mormonen, wichtig ist halt nur, dass sie nicht ihrer Orientierung entsprechend handeln. Ich kann mich nicht zurückhalten und hake ein.

»Aber versteht ihr, dass ich Teil einer Religion sein möchte, in der es völlig okay ist, schwul zu sein? Dass ich meinen lesbischen Freundinnen Angela und Kathi in die Augen gucken möchte und nicht in meiner Kirche und meinem Privatleben verschiedene Dinge vertreten will? Versteht ihr, dass ich möchte, dass es für die Welt, in der meine Kinder großwerden, überhaupt kein Problem darstellt, dass sie eventuell schwul oder lesbisch sind und dass ich möchte, dass sie das auch leben dürfen?«

Ich rede mich in Rage. Das passiert mir nur selten, aber ich merke, dass ich mich nicht stoppen kann. Diese beiden Mädchen kriegen meine ganze Frustration der letzten Monate ab. Nachdem sie mir nicht erklären konnten, wie ich mir die Schwulenfeindlichkeit der Bibel schönreden kann, erwarte ich von ihnen, mir das Wesen Gottes zu erklären. »Was ist mit sterbenden Kindern in Afrika? Entweder meint Gott es gut mit uns und ist machtlos, oder er hat die Macht einzugreifen, aber ist ein Sadist. Was sagt ihr dazu?« Die Missionarinnen, die eigentlich nicht gekommen waren, um abschließend die Theodizee-Frage zu klären, sondern um mit uns im Buch Mormom zu lesen, sehen sich irritiert an. »Mmh, manchmal machen Eltern Dinge, die erst im Nachhinein Sinn ergeben«, versucht eine von beiden einzuwenden, »meine Eltern haben oft Sachen gemacht, die ich damals ärgerlich fand, aber jetzt verstehe.« – »Das Äquivalent zu Gottes Verhalten wäre, dass deine Eltern dich haben im Keller verhungern lassen.« Sarah sieht mich erschrocken an – was ist los mit mir? – und springt zu ihrer eigenen Überraschung für die Religion in die Bresche. »Vielleicht gibt es verschiedene Formen von Wahrheit, und der Teil in uns, der Naturwissenschaften versteht, ist ein anderer als der, der sich mit solchen Fragen beschäftigt?«

Sarah und ich merken beide, dass wir gerade verkehrte Welt spielen, aber im Anblick meiner plötzlich aufbrausenden Wut wird anscheinend auch die konsequenteste Agnostikerin zur Stimme der Moderation. Ich versuche, zurückzurudern und ein paar nette Sachen über Gott zu sagen, aber ich habe die Stimmung ruiniert. Die beiden Mädchen beten vor uns für uns an meinem Küchentisch (ich bete, dass Max nicht vorzeitig aus dem Krankenhaus wiederkommt und uns in dieser Szene in unserer gemeinsamen Wohnung vorfindet). Sie wollen Gott sagen, dass sie ihm für unsere Zusammenkunft danken und dass sie hoffen, dass Lisa und Sarah sich seiner Liebe bewusst werden. Die Missionarinnen verabschieden sich in mormonentypischer Höflichkeit. Ich umarme sie ein bisschen zu fest und schäme mich. Sollte ich kein Hausverbot haben, werde ich nochmal in ihre Kirche gehen, mir einen Gottesdienst anschauen und ihnen zwei Ausgaben dieses Buches aufdrängen. Als die Tür zugeht, streichelt Sarah verlegen meinen Kopf, wie man dem armen irren Dorftrottel eben den Kopf streichelt – was soll man schon sagen zu offenkundiger Geisteskrankheit –, und ich lege mich mit Ari aufs Bett und atme aus.

Meine Wut besteht zu zwanzig Prozent aus Unverständnis, wie man mit so viel Ungewissheit leben und trotzdem Wissen verkünden kann, zu siebzig Prozent aus Neid auf eine klare, unerschütterliche Gottesbeziehung und zu zehn Prozent aus echter Wut auf alle religiösen

Menschen der Welt, die jeden Sonnenstrahl auf Gottes Größe zurückführen und dann bei all dem Leid auf der Welt die Schultern zucken und »Gottes Wege sind unergründlich« murmeln. Ich mag mich nicht besonders, finde meinen Neid hässlich und meine Wut kleinlich. Dann kommt mir eine völlig neue Idee: Vielleicht liebt Gott mich, genau wie ich bin. In Gesundheit und Krankheit, in guten und in schlechten Zeiten (ich bin nicht stolz darauf, aber ich kann »in guten und in schlechten Zeiten« nicht schreiben, ohne dabei den Titelsong der Seifenoper GZSZ in meinem Kopf zu singen. Falls Sie keine Ahnung habe, wovon ich rede, beglückwünsche ich Sie). Die Missionarinnen der Mormonen sind voller kleiner Sprüche und Weisheiten, die sie mit Sicherheit in Vorbereitung auf ihre Mission auswendig gelernt haben, was die Weisheiten nicht weniger effektiv macht. Mein Favorit: »Eine Kirche ist keine Bildergalerie, sondern ein Krankenhaus.« Ich bin ein schrecklicher Maler, aber ein geübter Kranker, und mir gefällt die Idee, dass mich das vielleicht ideal macht in Gottes Augen. Dass Gott sich keine perfekten Kirchen für perfekte Menschen wünscht, sondern fehlerhafte Menschen, die zusammen versuchen, ein bisschen besser zu werden. Dieser Gedanke führt mich zu ein paar trostspendenden Fragen: Was wäre, wenn ich geliebt werde, egal wie viel ich leisten kann? Was, wenn ich für Gott genug bin, auch in meinem schwächsten Zustand? Und selbst wenn ich mein wütendstes Ich bin, so wie heute, und selbst wenn ich zweifle, so wie immer, bin ich vielleicht trotzdem perfekt in Gottes Augen? Vielleicht darf ich von Gott Liebe erwarten, die an nichts gebunden ist. Und wenn ich manchmal gar nichts tun kann und zu unserem kapitalistischen System nichts beitrage, bin ich vielleicht trotzdem alles, was Gott sich von mir wünscht. Vielleicht geht es mir nicht darum, geliebt zu werden, sondern *trotzdem* geliebt zu werden. Und an Tagen wie heute, an denen mir das selbst nicht gelingt, bete ich, dass Gott mich liebt, wie ich bin.

Tohuwabohu
Rûah

Zu meinem Top-Ten-Rätseln des Christentums gehört das Konzept der Gnade. Christliche Gnade steht allen von uns laut zuverlässigen Quellen zu gleichen Teilen zu. Hitler hat genauso viel Gnade verdient wie mein Cousin Robert, der zwar nicht die hellste Kerze auf dem Kuchen ist, aber immerhin kein Massenmörder. Gnade wird außerdem ohne eigenes Zutun verteilt, was nichts mit dem aktiven Glauben zu tun hat, den ich mir vorstelle. Je mehr ich recherchiere, desto unklarer wird die Sache mit der Gnade – langsam erahne ich, dass niemand so richtig versteht, was gemeint ist. Auf der Website *gottesbotschaft.de* (wie schön, so präzise und selbstgerecht zu wissen, was Gott uns sagen will), erfahre ich, dass Gott seine Gnade auch zurückziehen kann, wenn wir uns ihrer als unwürdig erweisen, während die Schweizer Website *jesus.ch* mich informiert, dass Gnade unverdienbar ist. Wikipedia erklärt, dass das »Gegenteil von Gnade auch die Ferne von Gott und damit das Ausgeliefertsein an die Begierden des natürlichen Menschseins« ist. Aber wenn das Gegenteil von Gnade Gottesferne ist, ist Gnade dann nicht schlichtweg Gottes Präsenz? Und gilt Gnade dann nicht für jeden Stein, jedes Blatt und jede

Amsel genau wie für mich? Und wenn es in der Bibel heißt: *Denn aus Gnade seid ihr selig geworden durch Glauben, und das nicht aus euch: Gottes Gabe ist es, nicht aus Werken, damit sich nicht jemand rühme* (Epheser 2,8–9) – bedeutet das dann, dass Gnade nur für Christen gilt? Aber wenn sie ein Geburtsrecht ist, können Lisa, die Agnostikerin, und Lisa, die Christin, doch keine unterschiedlichen Mengen an Gnade empfangen, oder? Mein Kopf qualmt und ich komme nicht weiter. Als gute Erwachsene, die auf ein unlösbares Problem stößt, laufe ich weg und vertage es.

Was ich nicht vertagen kann, da es sich angeblich um Gott selbst handelt, ist der Heilige Geist. Heute ist Freitag, der Dreizehnte, weswegen ich zu Hause bleibe und es ruhig angehen lasse (Kritiker könnten mir vorwerfen, dass ich am Donnerstag, dem Zwölften, und am Mittwoch, dem Elften, ohne ersichtlichen Grund ähnlich gehandhabt habe). Es ist auch der Freitag vor Pfingsten und somit ein guter Anlass, endlich über den Heiligen Geist, eines meiner größten Rätsel des Christentums, nachzudenken. Der Heilige Geist ist angeblich Gott selbst. Würde ich Christ werden, würde ich ihn als Person Gottes akzeptieren. Während Gott-Vater, der die Welt erschaffen hat, und Gott-Sohn, der von ihm herabgesandt wurde, schon schwer zu begreifen sind, hört meine Vorstellungskraft beim Heiligen Geist endgültig auf. Dieser erste Platz auf meiner Liste der theologischen Rätsel schwebt bereits in der Genesis über dem Wasser, noch bevor es die Welt überhaupt gibt. Laut Google-Bildsuche findet er heutzutage aber eher als Taube oder Feuer oder Taube vor Feuer seine Form. Gott als Taube? Ich habe Angst vor Vögeln, und wenn Gott eine Taube ist, habe ich ein Problem. Mit Feuer kann ich mich schon eher anfreunden – unter Alkoholeinfluss verspüre ich einen leichten Hang zum Zündeln –, aber ich möchte nur ungern, dass Gott mir als Flammenwand erscheint. Das Taube-vor-Feuer-Szenario wiederum kommt mir schlichtweg fahrlässig vor.

Ich lese in der Bibel das Pfingstereignis nach und hoffe, den Heiligen Geist in seinen Taten zu finden.

Und als der Pfingsttag gekommen war, waren sie alle an »einem« Ort beieinander. Und es geschah plötzlich ein Brausen vom Himmel wie von einem gewaltigen Wind und erfüllte das ganze Haus, in dem sie saßen. Und es erschienen ihnen Zungen, zerteilt wie von Feuer; und er setzte sich auf einen jeden von ihnen, und sie wurden alle erfüllt von dem Heiligen Geist und fingen an zu predigen in andern Sprachen, wie der Geist ihnen gab auszusprechen.

Mmh, irgendwie regt sich nichts in mir beim Lesen dieser Zeilen. Erst einmal: Ist die »wahre« Entstehung der Sprachen nicht wundervoller, schöner und größer als diese Version? Und wie soll eine Zunge durch Feuer zerteilt werden? Würde sie nicht schlichtweg verbrennen? Mir scheint, dass hier jemand ziemlich aggressiv das Heiliger-Geist-als-Feuer-Bild in unsere Köpfe hämmern wollte. Ich möchte nicht blasphemisch klingen – vor einigen Tagen ist der chrismon-Katalog für das Herbstprogramm erschienen, in dem dieses Werk als »herzerfrischend respektlos« beschrieben wird, und ich hoffe sehr, eher erfrischend respektvoll zu sein. Trotzdem muss ich (auf meine erfrischend respektlose Art?) anmerken, dass nichts, was ich im Neuen Testament über diesen Geist lese, mich glauben lässt, dass er eine der Personen Gottes ist, so wichtig, mächtig und wundervoll wie Gott, der Erschaffer der Welt. Ich finde keine Rechtfertigung, die mich überzeugt, dass es sich beim Heiligen Geist um Gott handelt – abgesehen von vielen Männern der Geschichte, die entschieden haben, dass es nun mal so ist.

Meinen ersten hilfreichen Hinweis finde ich in der hebräischen Übersetzung des Wortes »Geist«: *rûah. Rûah* heißt auch Wind, und mit Wind kann ich etwas anfangen. Gott als Wind, der durch und um uns braust, kann ich mir mit ein wenig intellektueller Akrobatik denken.

Sowieso gefällt mir der Geist Gottes im Alten Testament viel besser. In der Genesis heißt es, der Geist Gottes schwebt über dem Wasser, Psalm 104,30 sagt: *Du sendest aus deinen Atem, so werden sie geschaffen*, wobei Atem wahlweise als Geist oder Heiliger Geist übersetzt ist. Auch Jesaja spricht vom Geist des Herrn, aber in allen drei Fällen scheint mir doch eindeutig der Geist Gottes als Teil von Gott-Vater bzw. -Mutter gemeint, kein eigenes Wesen.

Ein gutmeinender Christ erklärte mir die Dreifaltigkeit einmal als Wasser, das in flüssiger, fester oder gasförmiger Form auftritt und doch immer Wasser ist. Zuerst war ich beeindruckt und dankbar für ein Bild, das ich verstehen kann. Aber je mehr ich darüber nachdenke, desto weniger Sinn ergibt das Ganze. So wie es mir viel, viel leichter fällt, den Gott des Alten Testaments als Gott zu akzeptieren, während ich bei Jesus und dem Heiligen Geist skeptisch bleibe, so fällt es mir auch leicht, flüssiges Wasser als Wasser zu akzeptieren. Wenn ich jedoch auf einen Block Eis starre oder in einer Dampfsauna sitze, weiß ich vielleicht um die Wassergrundlage dieser beiden Dinge, aber auf der Gefühlsebene haben sie doch wenig mit Wasser zu tun. Vielleicht ist es also doch ein passendes Bild. Jesus und der Heilige Geist können vielleicht »Gott« in meinem Kopf sein, aber in meinem Herzen wird es wahrscheinlich immer nur der Gott aus dem Buch Genesis sein, den ich als Gott verstehen kann.

Ein kleines Update zu Freitag, dem Dreizehnten: In einer Schreibpause, in der ich fest vorhatte, ein paar entspannende Yogaübungen zu machen und dann kurz die Wäsche aufzuhängen, habe ich stattdessen dreißig Minuten über den Ursprung von Freitag, dem Dreizehnten recherchiert. Hier eine kleine Sammlung an unnützem Wissen: Im Judentum ist die Dreizehn eine Glückszahl und ein Freitag, der Dreizehnte besonders glücklich, weil es bedeutet, dass der Sabbat mit dem Vollmond zusammenfällt – der jüdische Kalender richtet sich nach dem Mond. In Italien bringt übrigens Freitag, der Siebzehnte Pech und in Griechenland Dienstag, der Dreizehnte.

Ich habe gerade entschieden, dass Aberglaube auf nichts als Willkür beruht und ich bei den Weltreligionen bleibe, als ich entschlossen meinen letzten Schluck Espresso nehme und ein Stück Glas ausspucke. Glas! An Freitag, dem Dreizehnten! Ob ich überlebe oder, während ich diese Zeilen tippe, innerlich von Glassplittern aufgeschlitzt werde, hängt vermutlich von Gnade ab.

Die Zehn Gebote, ein bescheidener Verbesserungsvorschlag

Hier die Zehn Gebote, wie sie in Exodus zu finden sind:

1. *Ich bin der Herr, dein Gott. Du sollst keine anderen Götter haben neben mir.*
2. *Du sollst den Namen des Herrn, deines Gottes, nicht missbrauchen.*
3. *Gedenke des Sabbattages, dass du ihn heiligest.*
4. *Du sollst deinen Vater und deine Mutter ehren.*
5. *Du sollst nicht töten.*
6. *Du sollst nicht ehebrechen.*
7. *Du sollst nicht stehlen.*
8. *Du sollst nicht falsch Zeugnis reden wider deinen Nächsten.*
9. *Du sollst nicht begehren deines Nächsten Haus.*
10. *Du sollst nicht begehren deines Nächsten Weib, Knecht, Magd, Vieh noch alles, was dein Nächster hat.*

Zunächst, bevor ich mich an einer Version für das einundzwanzigste Jahrhundert versuche, eine Frage: Sollen wir glauben, dass die Israeliten mordend und ehebrechend umhergezogen sind und erst mit dem Empfangen der Zehn Gebote ein Moralgefühl entwickelt haben? Dass all die Millionen Menschen, die vor den Israeliten gelebt haben, schlichtweg nicht wussten, dass Töten und Lügen falsch sind? Dass sie nicht selbst darauf gekommen sind, dass eine Gesellschaft besser funktioniert, wenn die Menschen sich nicht gegenseitig bestehlen? In anderen Worten: Müssen Juden und Christen glauben, dass es ohne die Zehn Gebote keine Moral gäbe? Wäre die Menschheit ohne ein angeborenes Moralgefühl überhaupt bis zum Berg Sinai gekommen? Denn wenn ich mir die Welt anschaue, die Atheisten um mich herum oder die Moslems, die Buddhisten und die Hindus, komme ich zu dem Schluss, dass Menschen ein Gefühl dafür haben, was richtig und falsch ist, das nichts mit ihrer Religion zu tun hat. Und wenn das so ist: Liegt dann nicht der Verdacht nahe, dass erst das menschliche Moralgefühl kam und dann ein Gott, der dieses vertritt?

So, nun ein paar Verbesserungsvorschläge und eine Einundzwanzigstes-Jahrhundert-Version der Zehn Gebote. Die ersten beiden Gebote können meiner Meinung nach eins werden. Ich denke, dass Gott sich ein bisschen wichtig nimmt, wenn zwei der Zehn Gebote menschlichen Verhaltens sich um ihn drehen.

Ich bin der Herr, dein Gott, möchte ich streichen. Erst einmal könnte es genauso gut eine Frau, meine Göttin, sein, und außerdem ist dieser Satz für manche von uns sowieso wahr und für alle anderen bedeutungslos.

Da ich an einen Gott glauben möchte, der weder herrschsüchtig noch eifersüchtig ist, lese ich die ersten beiden Gebote wie folgt: Du sollst keine Götter neben mir haben heißt, du sollst nichts zu einem Gott machen, was keiner ist. Du sollst dich erinnern, dass Ruhm, Geld, körperliche Schönheit und moderne Technologie keine spirituelle Bedeutung haben und kein Gott für dich werden sollen. Die wundervolle Natalie Portman sagte kürzlich in einem Interview, dass sie ihren Oscar, wortwörtlich einen goldenen Mann, nicht in ihrer Wohnung zur Schau stelle, da er ein Götzenbild sei.

Du sollst meinen Namen nicht missbrauchen bedeutet in meinen Ohren, dass wir Gott nicht für unsere weltlichen Angelegenheiten instrumentalisieren sollen. Während das vielleicht nicht ganz ausbleibt, wenn wir die Bibel interpretieren und auf unser Leben anwenden, so können wir uns doch Mühe geben, nicht in Gottes Namen Krieg zu führen, Minderheiten zu diskriminieren oder Wahlziele zu verkünden.

Das dritte Gebot: *Gedenke des Sabbattages, dass du ihn heiligest.* Damit bin ich vollkommen einverstanden. Ob es sich nun um Samstag, Sonntag oder Donnerstag handelt, mag zweitrangig sein. Was mir wichtig ist: dass wir lernen innezuhalten und dies als spirituelle Praxis in unsere Woche integrieren.

Das vierte Gebot: *Du sollst deinen Vater und deine Mutter ehren.* Dagegen scheint erst einmal nichts einzuwenden zu sein. Ich würde es erweitern um: Du sollst deine Freunde und Familie ehren und wertschätzen. Dass es sich bei Familie nicht zwangsläufig um Blutsverwandte handeln muss, ist selbstredend.

Das fünfte Gebot: *Du sollst nicht töten.* Auf dieses Gebot können sich wohl die allermeisten Weltbürger einigen. Ich würde mir nur wünschen, dass religiöse Menschen bei diesem Gebot radikaler wären. Was wäre, wenn *nicht töten* bedeutet, keine Menschen töten, folglich auch keine Todesstrafe verhängen *und* keine Tiere töten?

Das sechste Gebot: *Du sollst nicht ehebrechen.* Ich will Ehebruch keineswegs verteidigen, denke aber nicht, dass es eines eigenen Gebots bedarf. Ist es so wichtig, seinem Partner treu zu sein, dass es in einem Katalog mit *nicht töten* stehen muss? Ich glaube, wer die Ehe bricht, schadet sich selbst langfristig am meisten, und ein Gebot zu Treue ist im Übrigen in *Freunde und Familie ehren* mit einbegriffen.

Das siebte Gebot: *Du sollst nicht stehlen.* Da gibt's nichts einzuwenden. Nicht stehlen klingt vernünftig.

Das achte Gebot: *Du sollst nicht falsch Zeugnis reden wider deinen Nächsten.* Das ist womöglich mein Lieblingsgebot. Von Lästern bis vor Gericht lügen und damit die Verurteilung eines Unschuldigen erwirken führt falsches Zeugnis wider eines Nächsten zu nichts Gutem. Wir sollten uns im Alltag vermutlich alle öfter daran erinnern. Ich vergesse manchmal, dass ich nicht der tiefsinnigste Mensch im Raum bin, nur weil ich meine Freizeit damit verbringe zu lesen und zu schreiben, und auch Blondinen mit Sparkassenausbildung, Sixpack und Doppelhaushälfte Probleme haben können.

Das neunte Gebot: *Du sollst nicht begehren deines Nächsten Haus.* Das handle ich mal zusammen mit dem zehnten ab. Das zehnte Gebot: *Du sollst nicht begehren deines Nächsten Weib, Knecht, Magd, Vieh noch alles, was dein Nächster hat.* Abgesehen von dem schockierenden

Sexismus und der grundlegenden Menschenfeindlichkeit, Ehefrau und Angestellte zusammen mit den übrigen Besitztümern des Nächsten aufzuzählen, ist dieses Gebot auch das einzige, das Gedanken verbietet. Es besteht ein wichtiger Unterschied zwischen dem Verbot zu stehlen und dem Verbot, darüber nachzudenken zu stehlen. Diktaturen verurteilen Menschen für ihre Gedanken. Mein mich liebender Gott beurteilt mich hoffentlich lediglich nach meinen Taten und Worten. Denken kann ich, was ich will. Gebote neun und zehn können gestrichen werden.

Nachdem ich also sorgfältig gekürzt habe, bleiben noch ein paar Gebote offen, und ich habe folgende Vorschläge: Zunächst, und das hat Gott den Israeliten leider nicht verraten, ist es grundsätzlich falsch, andere Menschen als Besitztum zu halten. Ob es sich dabei um Sexsklaverei oder den Verkauf eines Kindes handelt, ob es Zwangsarbeiter oder Kranke sind – es gibt nie eine moralische Rechtfertigung dafür, einen anderen Menschen als Besitz zu deklarieren und dementsprechend zu behandeln. Wenn ich mich in der Welt, in der wir gemeinsam leben, umschaue, halte ich außerdem ein generelles Gewaltverbot für notwendig, das keine Schlupflöcher für Gewalt an Kindern oder sexuelle Gewalt offenlässt. Einem Wesen, das Schmerz empfinden kann, Gewalt anzutun, gehört verboten – die Zehn Gebote sollten dies widerspiegeln.

Was ich außerdem vermisse, ist ein Verbot, Menschen aufgrund ihrer Hautfarbe, Religion oder Sexualität zu verurteilen. Schließlich kommt meiner Meinung nach kein Moralkodex ohne ein Gebot, Hilfsbedürftigen zu helfen, aus.

**Hier also meine
überarbeitete Version:**

1. *Ich bin dein Gott. Du sollst nichts anderes zu Gott machen und mich nicht instrumentalisieren.*
2. *Gedenke des Sabbattages, dass du ihn heiligest.*
3. *Du sollst deine Familie und deine Freunde ehren.*
4. *Du sollst nicht töten.*
5. *Du sollst nicht stehlen.*
6. *Du sollst nicht falsch Zeugnis reden wider deinen Nächsten.*
7. *Du sollst niemanden versklaven, Menschen können kein Besitztum sein.*
8. *Du sollst keinem Kind, keinem Mann, keiner Frau und keinem Tier willentlich Gewalt antun. Du sollst niemanden aufgrund seiner Sexualität, Hautfarbe oder Religion (oder seinem Mangel an Religion) verurteilen.*
9. *Du sollst dein Essen mit den Hungrigen teilen, deine Türen für Geflohene offenhalten und helfen, wo du kannst.*

»**Du musst das Gift in Medizin verwandeln«,** rät meine Mutter, und ich frage mich, was aus der Mutter meiner Kindheit geworden ist, die ihre Freizeit in einem T-Shirt mit der Aufschrift »Chef« verbrachte.

Zu meiner enormen Überraschung hat meine Mutter vor einigen Jahren begonnen, sich mit dem Buddhismus zu beschäftigen, und auch, wenn sie weit entfernt vom Nirwana ist, steckt sie doch voll guter Tipps (»Lerne loszulassen, das ist der Schlüssel zum Glück«, von einer Frau, die ihre Spaghetti abwiegt, um sich nicht zu überfuttern). Ich hatte gehofft, dass ihr neu gewonnenes Interesse am Buddhismus auch zu einem Verständnis für meine religiöse Suche führt, aber so einfach scheint es nicht zu sein.

Die neuen Freunde meiner Mutter heißen Saphira und Pranama (alias Ute und Helmut) und grüßen sich mit einer kleinen Verbeugung. Sie haben einen Weg zu etwas Übernatürlichem gefunden und scheinen in ihren orangenen Leinengewändern glücklich. Und ich beglückwünsche sie. Leider bin ich nicht so überzeugt, dass das auf Gegenseitigkeit beruht.

»Ich verstehe nicht, wie du daran glauben kannst, dass ein Buch, die Bibel, von Gott inspiriert ist«, sagt meine Mutter. »Und noch was, Lisa, könntest du mir ein bisschen Akrylfarbe für meinen Lotussutra-Schrein leihen?«

Ich möchte keineswegs den Buddhismus dissen, das steht mir nicht zu. Ich frage mich nur, wie es passieren konnte, dass es unter netten, gebildeten Linken sozial akzeptabel ist, sich als Buddhist zu bezeichnen, während über monotheistische Religionen leicht spöttisch gelächelt wird. Liegt es daran, dass der Buddhismus keinen Gott im klassischen Sinne kennt? Aber ist der Personenkult um Siddhartha Gautama nicht genauso bedenklich? Und warum ist es so verpönt, an christliche Erlösung zu glauben, und in Ordnung, gleichzeitig auf das eigene Verlöschen im Zustand des Nirwana zu hoffen?

Ich finde den Buddhismus spannend und möchte mehr lernen, aber das Ziel völliger Ungebundenheit und Gedankenlosigkeit kann und will ich nicht vertreten – und ich habe den Verdacht, dass viele heimische Buddhisten das eigentlich auch nicht wollen. Buddha sagte: *Nur die, welche nichts lieben und nichts hassen, tragen keine Fesseln.* Aber wer möchte wirklich leben, ohne etwas zu lieben?

Ich möchte mein Herz an andere Menschen, Gott, Kunst und so vieles mehr hängen und von all dem an mein irdisches Leben gefesselt sein – wäre ich frei von diesen Fesseln, wüsste ich gar nicht, warum ich überhaupt hier bin.

Apropos Fesseln: Schon lange schwirrt die Frage in meinem Kopf herum, ob ich mich nicht losmachen kann

von den Vorgaben eines einzelnen Glaubens und mir das
für mich Beste, wie die Oliven aus einem Couscous-Salat,
herauspicken kann. Kann ich mich irgendwie freimachen
von den Fesseln eines einzelnen Glaubens und meinen
eigenen basteln? Oder funktioniert es so nicht – beleidigt
man alle Anwesenden und bringt sich zusätzlich um eine
mögliche Gemeinde? Je länger ich bete, grüble, mit mir
ringe, desto mehr habe ich die Vermutung, dass es dem
Göttlichen nicht so wichtig ist, in welcher Religion wir unsere Beziehung zu »Gott« aufbauen.

Bibel oder Buddha, Mohammed oder Bhagavadgita,
Kutte oder Bikini. »Religion ist kein Selbstbedienungs-
buffet«, sagt meine muslimische Freundin Julchen. Aber
warum eigentlich nicht? Ich wünsche mir ein reiches spi-
rituelles Leben, in dem ich aus allem schöpfen darf, was
Gott an Religionen zur Verfügung stellt. Ich möchte die
Traditionen des Judentums, die düstere Sexiness des Katho-
lizismus, die Liberalität der Protestanten, die Gottesprä-
senz des Islam und den Fokus auf Friede und Achtsamkeit
des Buddhismus. Ich möchte Sabbat feiern, ohne Tiere zu
essen, dabei Wein trinken und beten, ohne sicher zu sein,
zu wem. Ich möchte mich verschleiern, wenn mir so ist,
und an anderen Tagen ein Hippie mit Spaghettiträgern
sein. Ich möchte viele widersprüchliche Dinge und mir dabei immer die Option offenhalten, meine Meinung auch
mal zu ändern.

Meine spirituelle Suche ist auch eine Suche nach
Freiheit. Freiheit von meinen eigenen Ansprüchen und
Launen, von dem, was die Leute denken, Freiheit vom ka-
pitalistischen Druck und Schönheitsidealen. Ich bin weit

entfernt davon, all diese Freiheit, die Gott mir bieten kann, auch zu fühlen. Aber mir selbst Freiheit in meinen religiösen Praktiken zuzusprechen, scheint mir ein löblicher Start. Namaste.[3]

---

[3] *Namaste bedeutet übersetzt so viel wie »Ich verneige mich vor dir«, oder »Verehrung dir«. Besser als unser »Hallo«, oder?*

Vor genau einem Jahr begann ich an einer Kolumne über meine Suche nach Gott zu arbeiten. Nun, einen Sommer später, schreibe ich die letzten Zeilen dieses Buches.

Letztes Jahr dachte ich, ich würde meinen Weg mit einer Taufe oder dem Beitritt im *Internationalen Bund der Konfessionslosen und Atheisten* beenden. Ich habe auf eine klare Gotteserkenntnis gehofft oder, alternativ dazu, auf die klare Erkenntnis, dass es keinen Gott gibt.

Gestern bin ich einem Bekannten auf der Straße begegnet. »Hey Lisa, was macht das Buch? Bist du jetzt Christin?«

»Ich glaube nicht.«

»Mmh, und, was bist du jetzt?«

»Immer noch nichts.«

»Also Atheistin?«

»Nicht mal das. Ich bin zu unentschlossen, um Atheistin zu sein.«

»Weniger als nichts? Mannomann – na dann, viel Glück noch, ne? Hahaha.«

Ich erinnere mich, warum wir nur Bekannte sind, keine Freunde, und gehe weiter.

Es scheint, dass sich Gott mir nicht offenbart hat, auch wenn ich ehrlich unter jedem Stein gesucht habe. Leider habe ich auch unter keinem der Steine einen eindeutigen Hinweis auf die Abwesenheit Gottes gefunden – wie sollte dieser auch aussehen? Soll ein Nichtgott *Gott war nicht hier; Gott ist nirgends* in den Stein ritzen?

Auf den letzten Metern dieser Reise präsentieren sich mir immer noch mehr Rätsel als Lösungen. Zora Neale Hurston schreibt in *Their Eyes Were Watching God*, dass es Jahre gibt, die Fragen stellen, und solche, die Antworten geben. Ich war bereit für ein Jahr der Antworten. Stattdessen hatte ich ein weiteres Jahr der Fragen und die Erkenntnis, dass vielleicht der Weg das Ziel ist. Diese Erkenntnis hätte ich natürlich auch von Tankstellen-Grußkarten und diversen Kühlschrankmagneten erhalten können, aber das wäre nur halb so unbequem gewesen, und wenn ich Christin oder Jüdin werden möchte, muss ich mit dem Unbequemen sowieso leben lernen.

Vielleicht ist das Umherirren und Fragenstellen einfach meine Art zu glauben. Eine Auseinandersetzung, ein Ringen, ein Herantasten. Je tiefer ich in die abrahamitischen Religionen eindringe, desto mehr nicht zu klärende Fragen drängen sich auf. Aber je tiefer ich eindringe, desto klarer wird mir auch, dass es gar nicht mein Ziel ist, alle Fragen zu klären.

Im Koran heißt es: *Dies ist ein vollkommenes Buch; es ist kein Zweifel darin.* In der Bibel steht: *Ein Zweifler ist unbeständig auf allen seinen Wegen.* Aber ist Zweifeln wirklich das Gegenteil von Glauben? Mir scheint es eher, dass Glauben und Zweifel gut zusammenpassen und auf der anderen Seite der Fundamentalismus steht. Wer wirklich denkt, die reine Wahrheit auf seiner Seite zu haben, ist Fundamentalist. Fundamentalisten, egal welcher Überzeugung, können in einer Welt ohne Fragen leben. Aber sie leben auch in einer Welt, in der ich nicht leben möchte. Ich bin in den Bereichen zwischen Schwarz und Weiß zu Hause, in den unendlichen Schattierungen von Grau. Dort finde ich meinen Glauben. Und ich frage gerne, denke gerne, diskutiere gerne.

Vielleicht entscheide ich mich, trotz meiner Zweifel, Jüdin oder Christin zu werden. Das wäre schön. Aber das erste Mal auf diesem Weg kann ich auch Schönheit in der Alternative erkennen.

Vielleicht kann ich die Bibel lieben, wie ich andere Literatur liebe? Vielleicht kann ich die Bibel als komplexe, trostspendende Erzählung akzeptieren, die mir etwas über mich und meine Menschlichkeit sagt, so wie es die Werke von Toni Morrison, Jonathan Franzen oder Zadie Smith können. Ich liebe es, mich mit dem Alten Testament zu beschäftigen, seine Zeilen zu studieren und nach Botschaften über mein Menschsein, unser gemeinsames Menschsein zu suchen, aber denke ich wirklich, dass das Alte Testament wahrer ist als die Fiktion Joan Didions? Kann Noah mir tiefere Einsicht geben als Toni Morrisons Sula? Stehen Hamlet und König David wirklich auf unterschiedlichen spirituellen Ebenen? Und können all meine fiktiven Helden, Freunde und Mentoren mir nicht helfen, mich begleiten und bereichern, ohne »wahr« sein zu müssen? Muss ich von Eva mehr erwarten als von Mrs. Dalloway?

So oder so: Ich werde eine Zweiflerin bleiben.

Lisa Kaufmann

geboren 1990,
stammt aus einer deutsch-ägyptischen Familie.
Sie studiert Angewandte Kultur-
und Literaturwissenschaft an der TU Dortmund
und lebt in Essen.